大连海事大学校企共建特色教材

大连海事大学–海丰国际教材建设基金资助

U0612060

船舶智能运维

主编 ◉ 张跃文 邹永久

主审 ◉ 黄连忠

CHUANBO ZHINENG YUNWEI

大连海事大学出版社

DALIAN MARITIME UNIVERSITY PRESS

Ⓒ 张跃文　　邹永久　　**2024**

图书在版编目(CIP)数据

船舶智能运维 / 张跃文, 邹永久主编. — 大连 : 大连海事大
学出版社, 2024. 12.
ISBN 978-7-5632-4633-5

Ⅰ. U675.7

中国国家版本馆CIP数据核字第202467GS04号

大连海事大学出版社出版

地址:大连市黄浦路523号 邮编:116026 电话:0411-84729665(营销部) 84729480(总编室)
http:// press. dlmu. edu. cn　E-mail: dmupress@ dlmu. edu. cn

大连金华光彩色印刷有限公司印装　　　　　　　大连海事大学出版社发行

2024 年 12 月第 1 版　　　　　　　　　　2024 年 12 月第 1 次印刷
幅面尺寸:184 mm×260 mm　　　　　　　　　　　印张:9.25
字数:227 千　　　　　　　　　　　　　　印数:1~500 册

出版人:刘明凯

责任编辑:杨　洋　　　　　　　　　　　　责任校对:孙笑鸣
封面设计:解瑶瑶　　　　　　　　　　　　版式设计:解瑶瑶

ISBN 978-7-5632-4633-5　　定价: 23.00 元

大连海事大学校企共建特色教材

编　委　会

总前言

　　航运业是经济社会发展的重要基础产业,在维护国家海洋权益和经济安全、推动对外贸易发展、促进产业转型升级等方面具有重要作用,对我国建设交通强国、海洋强国具有重要意义。大连海事大学作为交通运输部所属的全国重点大学、国家"双一流"建设高校,多年来为我国乃至国际航运业培养了大批高素质航运人才,对航运业的发展起到了重要作用。

　　进入新时代以来,党中央、国务院及教育主管部门对高等教育的人才培养体系提出了更高要求,对教材工作尤为重视。根据要求,学校大力开展了新工科、新文科等建设及产教融合、科教融合等改革。在教材建设方面,学校修订了教材管理相关制度,建立了校企共建本科教材机制,大力推进校企共建教材工作。其中,航运特色专业的核心课程教材是校企共建的重点,涉及交通运输、海洋工程、物流管理、经济金融、法律等领域。

　　2021年以来,大连海事大学与海丰国际控股有限公司签订了校企共建教材协议,共同成立了"大连海事大学校企共建特色教材编委会"(简称"编委会"),负责指导、协调校企共建教材相关工作,着力建成一批政治方向正确、满足教学需要、质量水平优秀、航运特色突出、符合国家经济社会发展需求和行业需求的高水平专业核心课程教材。编委会成员主要由大连海事大学校领导和相关领域专家、海丰国际控股有限公司领导和相关行业专家组成。

　　校企共建特色教材的编写人员经学校二级单位推荐、学校严格审查后确定,均具有丰富的教育教学和教材编写经验,确保了教材的科学性、适用性。公司推荐具有丰富实践经验的行业专家参与共建教材的策划、编写,确保了教材的实践性、前沿性。学校的院、校两级教材工作委员会、党委常委会通过个人审读与会议评审相结合、校内专家与校外专家相结合等不同形式对教材内容进行学术审查和政治审查,确保了教材的学术水平和政治方向。

　　在校企共建特色教材的编写与出版过程中,海丰国际控股有限公司还向学校提供了经费资助,在此表示感谢。大连海事大学出版社对教材校审、排版等提供了专业的指导与服务,在此表示感谢。同时,感谢各方领导、专家和同仁的大力支持和热情帮助。

　　校企共建特色教材的编写是一项繁重而复杂的工作,鉴于时间、人力等方面的因素,教材内容难免有不妥之处,希望专家不吝指正。同时,希望更多的航运企事业单位、专家学者能参与到此项工作中来,为我国培养高素质航运人才建言献策。

大连海事大学校企共建特色教材编委会

2022年12月6日

前　言

　　船舶智能化、无人化已成为业界统一的共识。伴随着船舶智能化程度的提高，航运业对环境保护和能效方面的要求不断提高，传统的以人为主的船舶运维方式已不能满足现代智能船舶的要求。在这一背景下，近年来，基于大数据技术、人工智能技术、计算机仿真技术、物联网技术以及现代控制理论，诞生了新的船舶智能运维技术。

　　本书着眼于船舶智能运维技术与应用方面的研究，编者主要来自大连海事大学无人船技术与系统联合重点实验室——智能运维实验室。团队多年来一直从事与智能机舱、智能船舶相关的船舶机械状态感知、船舶机械故障诊断、船舶机械健康状态评估、船舶机械状态预测以及船舶机械辅助决策知识库等船舶运维技术的研究。

　　本书是根据2024年轮机工程专业"轮机智能运维技术"教学大纲要求编写的，主要参考了团队自2012年以来发表的研究类论文和申请的专利，也融入了团队近期对船舶智能运维体系新的理解和认知。书中内容多取自编者公开发表过的文章和原创的思想和认知，同时参考了业界最新成果。

　　在本书中，编者详细地阐述了船舶智能运维体系和架构，并将整个体系分为四个模块：智能船舶状态感知、智能船舶状态评估、智能船舶状态预测和船舶智能运维知识库。在每一模块中，编者都详细地梳理了各自模块的模型机理、模型建立流程及模型适用条件，并通过实船应用案例对各自模块的实现进行了实际应用场景分析。本书是团队多年来在船舶运维技术方面所做研究工作成果的凝炼和总结，不仅可以作为相关专业领域本科生和研究生的学习教材，也可以作为从事高新技术船舶研究人员的参考用书。

　　全书共六章。第一章由段绪旭编写；第二、五章由张跃文编写；第三章由张鹏编写；第四章由邹永久编写；第六章由姜兴家编写。全书由张跃文统稿。主审黄连忠教授一直十分关心本书的编写工作，在本书的策划、编写和审定的各个阶段都提出了许多宝贵建议。本书也得到大连海事大学领导，大连海事大学教务处和轮机工程学院领导，以及轮机工程学院主机教研室的大力支持。在此向所有关心、帮助本书编写和出版的领导、专家和老师表示衷心的感谢。

　　需要说明的是，本书为新形态教材，读者可登录云书·云教材平台 https://yunshu.zgxzsj.com 或下载云教材APP免费浏览配套的数字教材内容，获得更好的交互学习体验。首次登录该网站或云教材APP并注册成功后，在首页搜索框内搜索本书，搜到书后点击打开页面，选择"使用下载码"选项，刮开本书封底的下载码涂膜（本书为一书一码，每本图书只对应一个下载码），输入8位下载码就可以使用本书配套的数字教材。

　　由于教材内容广泛，编者学识水平有限，书中难免存在不当之处，恳请读者批评、指正。

编　者
2024年11月

目　录

第1章　绪论

随着 5G 通信技术、物联网技术、人工智能等先进技术的不断发展，整个工业领域都在向智能化、数字化的方向发展。智能化研究的本质在于利用机器协助或代替人类，执行原本人类工作中高成本低产出的、重复低效的，以及高危险性的工作，将人类从这部分工作中解放出来，进行更有研究价值和经济价值的工作。作为船舶与数据传输、分析技术和人工智能等新技术融合的产物，智能船舶逐渐成为我国船舶工业发展的重点。

智能船舶是一个综合系统性的概念，旨在运用传感器技术、信息整合技术和数据分析等技术推动船舶向自动化、智能化、信息化的方向发展，提升船舶运行的整体效率，降低船舶运输的营运成本，从根本上提升船舶的整体竞争力和安全性。与传统船舶相比，智能船舶在运行安全性、环保性、经济性、可靠性等方面均有显著的优势。

作为造船大国和航运大国，我国正积极推动智能船舶技术发展。2018 年，工业和信息化部、交通运输部、国防科工局发布了《智能船舶发展行动计划（2019—2021 年）》对我国智能船舶未来数年的发展做出了规划。2019 年，交通运输部等七部门发布了《智能航运发展指导意见》，对智能船舶的定义、分级标准、系统架构、技术体系和发展路线图等基础性和宏观战略性问题进行了分析。2024 年，中国船级社发布了《智能船舶规范（2024）》，明确了智能船舶的各项功能及技术要求，以满足快速发展的智能船舶市场的需要。

1.1　智能船舶概述

1.1.1　智能船舶的定义和功能

1.1.1.1　定义

船舶智能化已经成为当今船舶制造与航运领域发展的必然趋势。有关智能船舶的定义，目前还没有明确的说法。最初智能船舶的概念是由国际海事组织（IMO）于 2006 年提出的。IMO 给出智能船舶的定义（E-Navigation）：使用电子信息手段，在船岸收集、融合和显示港航信息，实现船岸相互之间的信息沟通，达到航行安全、经济和防污染的目的。

2014年，丹麦船级社在《未来航运业》报告中给出智能船舶的定义：智能船舶是指实时信息传输、计算、建模、控制和传感器应用能力的集合。

2016年7月，劳氏船级社在《智能船舶入级指导文件》中对智能船舶的分类和特征进行了相关定义。第一代智能船舶应包括人为代理系统；第二代智能船舶应包括人为监控系统，给出决策支持建议；第三代智能船舶包括数据分析，以进行处理运作和通过互联其他"事物"来实现情景感知。这三代船舶仍需要人在船上，不管船舶是半自动的还是全自动的，都会与岸基中心建立连接。第四代智能船舶将实现全自主化的无人驾驶。

劳氏船级社在其发布的《未来航运业》报告中提出"智能互联船舶"（The Connected Ship）这一新的概念，是指通过传感器技术、监控系统结合船岸无缝连接以及决策支持工具，将创建一个以数据为中心、响应迅速的全球船舶运输集成网络。随着传感器和通信技术的发展，远程操作甚至无人驾驶船舶会成为现实，将更多的在船上进行的活动转移到岸基中心。

2024年4月，中国船级社发布的《智能船舶规范（2024）》中定义了智能船舶。其系指利用传感器、通信、物联网、互联网等技术手段，自动感知和获得船舶自身、海洋环境、物流、港口等方面的信息和数据，并基于计算机技术、自动控制技术和大数据处理和分析技术，在船舶航行、管理、维护保养、货物运输等方面实现智能化运行的船舶，以使船舶更加安全、更加环保、更加经济和更加高效。

各国船级社对智能船舶的定义说法各不相同，但总体所表达的意思基本一致。同时对智能船舶的解释都比较详尽。总之，智能船舶是基于先进的传感技术、数据分析、控制和通信技术，能够完成船舶的辅助决策、远程遥控和无人自主操作，最终实现船舶营运更安全、更经济、更高效的目标。

1.1.1.2. 功能

智能船舶的功能按照由局部应用到全船应用、由辅助决策到完全自主的方向发展，在中国船级社发布的《智能船舶规范（2024）》中，将智能船舶的功能分为八个部分，分别为智能航行、智能船体、智能机舱、智能能效管理、智能货物管理、智能集成平台、远程控制船舶和自主操作船舶。

（1）智能航行

智能航行系指利用先进感知技术和传感信息融合技术等获取和感知船舶航行所需的状态信息，并通过计算机技术、控制技术进行分析和处理，为船舶提供辅助航行决策建议。在可行时，船舶能够在开阔水域、狭窄水道、进出港口、靠离码头等不同航行场景和复杂环境条件下实现船舶的自主航行等。

智能航行船舶应具有辅助航行基本功能，如航路与航速设计和优化、视觉增强、碰撞预警、搁浅预警、综合信息显示。除基本功能外，智能航行船舶还可具有进阶功能，包括开阔水域自主航行和全航程自主航行。

（2）智能船体

智能船体包括两部分内容，分别是船体维护保养和船体监测及辅助决策系统。

船体维护保养系指基于船体数据库系统及船体三维结构尺寸模型的建立与维护，为船舶营运阶段的船体和甲板机械维护保养、结构换新提供辅助决策。

船体维护保养包括下列功能：

①船体检查保养计划制订；②甲板机械检查保养计划制订；③船体结构状态记录与评估；④结构换新方案制定。

船体监测及辅助决策系统系指对船体结构应力、船舶运动状态、船舶装载以及海况、航向、航速等数据进行采集、存储、分析、显示，当这些数据的变化超过预设临界值时，该系统发出警告，并提供船舶操作的辅助决策。

船体监测及辅助决策系统应包括下列功能：

①对涉及船体安全的相关重要参数进行采集与监测；②存储采集数据；③根据监测系统采集的数据进行计算与异常分析；④当分析结果出现异常时能够及时报警；⑤根据报警参数，提出船舶操作的决策建议；⑥与装载仪、陀螺罗经和风速仪等相关联，分析和记录船舶的海况信息以及船舶航行参数。

（3）智能机舱

智能机舱能综合利用状态监测所获得的各种信息和数据，对机舱内的设备与系统的运行状态、健康状况进行分析和评估，为设备与系统的使用、操作和控制、检修、管理等方面的决策提供支持。

智能机舱应具有如下基本功能：

①对机舱内主推进相关的设备与系统运行状态进行监测；②基于状态监测数据，对设备与系统的运行状态、健康状况进行分析和评估；③根据分析与评估结果，提出合理建议，为设备与系统的使用、操作和控制、检修、管理等方面的决策提供支持；④主推进动力装置应能由驾驶室控制站远程控制，机器处所包括机舱集控站（室）周期无人值班；⑤无人值班周期内，机舱内的设备及系统应能连续正常运行。

（4）智能能效管理

智能能效管理是指基于船舶航行状态、耗能状况的监测数据和信息，对船舶能效状况、航行及装载状态等进行评估，为船舶提供评估结果和航速优化、基于纵倾优化的最佳配载等解决方案，实现船舶能效实时监测、评估及优化，以不断提高船舶能效管理水平。

智能能效管理应具有如下基本功能：

①对船舶的航行状态、能效及耗能状况进行在线监测和数据的自动采集；②对船舶的能效及能耗状况进行评估、报告和报警；③根据分析评估结果，为能效管理提供辅助决策建议。

除具有规定的基本功能外，智能能效管理还可具有如下附加功能：

①可结合航线特点、燃料消耗、经济效益等评估结果，提供基于不同目标的航速优化方案；②可根据初始装载及船舶最佳航态分析，提供基于纵倾优化的最佳配载方案。

（5）智能货物管理

智能货物管理是指利用传感器等感知设备对货舱/货物及货物相关系统的参数进行自动采集，并基于计算机技术、自动控制技术和大数据处理和分析技术，以实现货舱/货物及货物相关系统状态的监测、预警/报警、辅助决策和控制，同时还可以基于监测和获得的数据，进行智能配载、自动装卸货、智能洗舱（适用于油船/化学品船），以实现船舶货物的智能管理。

智能货物管理应具备下列基本功能：
①货物/货舱及货物相关系统的参数监测；②预警/报警和辅助决策；③智能配载。
智能货物管理还可根据不同船型的特点和功能需求，具有以下补充功能：
①自动装卸货；②智能洗舱。

（6）智能集成平台

智能集成平台系指能为智能航行、智能船体、智能机舱、智能能效管理、智能货物管理、远程控制船舶和自主操作船舶提供支持，形成船上数据采集/获取、存储、整合、交互、共享与展现、控制指令传输（如适用时）的统一集成平台。集成平台应具备开放性，能够整合保安系统、船上信息管理系统等，以实现对船舶的全面监控与智能化管理，并与岸基实现数据交互。

智能集成平台应具备下列基本功能：
①数据采集/获取；②数据存储；③数据整合、交互；④船岸信息交互；⑤信息应用；⑥信息共享与展现。

（7）远程控制船舶

远程控制船舶系指船舶能够被船舶之外的一个远程控制站或控制位置进行控制，实现船舶的运行。远程控制船舶根据功能主要分为两类船舶：①船舶主要功能由远程控制站控制操作，船上船员对船舶状态进行监视，在应急情况或必要时接管船舶的操作，根据设计确定的船舶运行场景，对非远程控制的系统和设备进行操作；②船舶由远程控制，船上无船员。

（8）自主操作船舶

自主操作船舶系指能在开阔水域或整个航程实现完全自主操作，正常情况下无须船员在船上操作的船舶。自主操作船舶根据功能主要分为三类船舶：①船舶从锚地到锚地能实现自主操作，并由远程控制监视，必要时远程控制站可对船舶实施远程控制。船舶进出港和靠泊时由船员和/或引水员操作。②船舶从锚地到锚地能实现自主操作，并由远程控制监视，必要时远程控制站可对船舶实施远程控制。船舶进出港和靠泊时由远程控制站操作。③船舶从泊位到泊位能实现自主操作，并由远程控制监视，必要时远程控制站可对船舶实施远程控制。

1.1.2 智能船舶的发展现状

各国船级社对智能船舶提出相关概念和规则以后，智能船舶已经成为航运业的热点话题，很多国家关于智能船舶的研讨会以及各个研究项目也在不断地进行中。总体而言，智能船舶的发展并不是一蹴而就的，而是一个循序渐进的过程。就目前的技术情况来看，在船舶设计、建造和运营方面，尚是从个体考虑智能船舶的技术，而没有一个系统的集成的智能船舶的技术系统。而各个国家对于智能船舶的研究方向也不相同，下面对各个国家智能船舶研究发展路线进行简单介绍。

1.1.2.1 罗罗公司无人船计划

罗罗公司（罗尔斯-罗伊斯公司，Rolls Royce）以物联网、大数据和工业4.0为基础的数字化技术为依托，并紧随科技发展加快智能船舶系统的搭建。罗罗公司认为，智能船舶的下一步发展应该着眼于远程遥控和无人驾驶。该公司在2014年就开始开发名为"未来操作体验概念"（Future Operator Experience Concept）的无人船岸基遥控系统，如图1.1所示。2016年3月，该公司又与芬兰国家技术研究中心（VTT）、阿尔托大学和坦佩雷大学人机互动研究中心结成合作伙伴，已于2020年前推出成型产品。通过与VTT进行技术合作，罗罗公司有效评估远程遥控自动化船舶的设计方案。

图1.1 罗罗公司无人船岸基遥控系统

2017年4月，罗罗公司与新加坡海工和船舶中心（TCOMS）达成战略合作协议并签署谅解备忘录。根据协议，双方将共同致力于为智能船舶研发全球顶级的基础性技术框架，例如智能传感技术、数字化模型技术以及集成建模技术等。

同期，罗罗公司与瑞典渡船公司（Stena Line AB）签署了协议，将合作研发首套船舶智能感知系统。船舶智能感知系统将融合各种传感器传来的数据，以及现有船上系统的信息，比如自动识别系统（AIS）和雷达等，通过对数据进行融合分析，为船员提供更好的船舶周围环境感知度，以使船舶的操作运行更加简便、安全、高效。包括全球数据库等其他来源的数据也将发挥作用。

此外，研究人员还进行新型智能船舶具体参数和外观的初步设计，并联合大学、设备制造商及船级社等，解决未来实现智能船舶实用化面临的经济、社会、法务、监管和技术等方面的问题。

罗罗公司还与VTT宣布建立战略合作伙伴关系，主要从事智能船舶设计、试验和验证等方面的工作，并建造第一代遥控和自主船舶。新建立的战略合作伙伴关系将结合两家公司的独特技术，将智能船舶变为商业现实的独特专长。

罗罗公司是开发远距离操纵和自主船舶的先锋。该公司认为，遥控船舶将在21世纪20年代末实现商业应用。罗罗公司正在将其在各方面业务中的技术、技能和经验应用于智能船舶开发。

1.1.2.2 日本"智能船舶应用平台"（SSAP）项目

近几年，作为老牌的造船强国，日本在无人船舶、智能船舶方面一直在暗暗发力，以期抢占市场先机，重塑日本造船的核心竞争力。从日本国内发展来看，虽然政府层面组织开展的大型科研项目不是很多，但相关企业、科研机构等均在无人船舶、智能船舶方面开展了大量研究工作。

早在2012年12月，由日本船舶配套协会和日本船级社等在内的29家企业和单位联合组织开展"智能船舶应用平台"（Smart Ship Application Platform，SSAP）项目研究，该项目旨在开发船舶智能信息与控制系统，结合常见的船载监控系统，如主机遥控、压载水管理、船载电力管理、电子海图等，利用远程数据传输技术，研制出可以存储船舶监控系统运行数据，并向智能船舶各种应用系统提供接口的统一数据交互平台，实现气象导航、纵倾优化、主机监测、状态监测、能效管理、远程维护等功能。目前，该平台已经在日本的一艘渡船和一艘原油运输船上安装应用。同时，项目团队也在推动智能船舶应用平台成为国际海事组织E-航海战略的一个测试版，并在国际海事组织、国际标准化组织、国际电工委员会（IEC）等层面积极推动关于系统模型、系统安全、数据结构等内容的标准化工作。

从近期来看，日本邮船（NYK）、商船三井（MOL）两家单位在无人船舶、智能船舶领域开展了多项研究工作。

2018年2月初，MTI公司、日本电报电话公司（NTT）和NTT数据公司在沿海船舶上进行了下一代船载物联网平台的概念证明实验。日本邮船和MTI公司之前开发过一种船舶信息管理系统（SIMS），可以收集、监测和共享船岸之间的详细数据，这些数据包括远洋船舶运行状况和性能信息。

商船三井于2017年开展了"自主远洋运输系统技术概念项目"研究，该项目入选日本国土交通省（MLIT）的"FY2017交通运输研究和技术推广计划"。该项目的研究联合会由商船三井、三井造船株式会社、国家海事研究所、港口和航空技术协会、东京海洋大学、日本船级社、日本船舶技术研究协会，以及昭岛实验室（三井造船）等组成。该研究联合会将利用各参与公司的优势，发展自主海运的技术理念，为实现可靠、安全、高效的海运自主船舶提供所需的技术基础。

同时，2017年6月，商船三井还和三井造船就共同开发基于实时数据的下一代船舶监测和支持系统达成合作。该系统基于实时数据构建，数据来源包括导航信息数据和由三井造船制造的设备机械信息数据等。双方还将就短周期数据和采集的大数据分析方法进行研究。

此外，商船三井还与罗罗公司达成协议，进行智能感知系统（IAS）开发合作。罗罗公司表示，智能感知系统通过为船员提供对船舶周围环境的感知信息，从而使船舶能够更安全、轻松、高效运行。

从日本发展无人船舶、智能船舶技术来看，其还是采用从局部到整体的推进方式，针对部分关键系统和关键技术开展研究，逐步实现整船的无人化和智能化，重点包括船舶物联网技术、船岸一体化控制技术、船舶远程运维技术、自主航行技术等。另外，用户参与甚至主导也是日本发展无人船舶、智能船舶的一个重要特点，像商船三井、日本邮船等都是航运公司，在前文中可以看出，其开展了大量研究开发工作，这最大程度地确保了技术开发的可行性和实用性。

1.1.2.3 韩国 "互联智能船舶"

2015年7月20日，世界领先的造船企业韩国现代重工集团（下文简称"现代重工"）与埃森哲合作设计"互联智能船舶"，通过应用数字技术帮助船东更好地管理船队，充分挖掘潜能，节约运营成本。借助嵌入新建船舶中的传感器网络，船东能够获取各种航行信息，包括位置、天气及洋流数据，及所装载设备和货物的状态数据。这一解决方案还可对船队运营的新数据和历史数据进行实时分析，并通过数据可视化技术呈现分析结果，使船东能

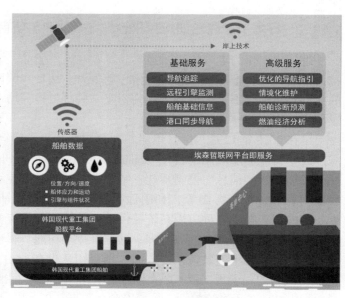

图1.2 "互联智能船舶"项目组成

够实时监控其船舶状态和航行条件，并根据数据做出妥善决策，支撑高效运营。该方案预计还将推出实时预警、预测性维护和更高效的航期规划等服务。"互联智能船舶"项目组成如图1.2所示。

"互联智能船舶"的开发结合了现代重工在造船和制造领域的专业知识，以及埃森哲的数字技术专长与航运行业的服务经验。随着船主们纷纷寻求创新方式来降低船舶运营成本，此次合作还将提供一系列实时服务，提高船队效率，同时增强现代重工的市场竞争力。

除此之外，现代重工对造船方面的研究也非常重视。韩国造船业正在全力以赴地开发智能船舶，打造智能船厂，希望利用5G、人工智能（AI）等先进技术提高安全性和效率，克服市场衰退带来的不利影响，并且在与中国造船业的竞争中始终保持技术上的领先优势。2010年1月，现代重工宣布，该公司已经在其独立研发的HiMSEN发动机中引入了AI、大数据、物联网等先进的信息和通信技术，推出一套最佳的船舶运营系统。

据现代重工介绍，该公司利用人工智能和自有的现代智能设备管理方案，增强了其独立的Hi-Touch船用发电发动机，与过去相比将燃料成本削减了10%以上。

2024年上半年，现代重工在SK航运旗下一艘25万t级散货船上安装了"HiNAS"（Hyundai Intelligent Navigation Assistant System，现代智能导航辅助系统），成为世界上首个在大型服役船舶上应用智能航行核心技术的造船厂。HiNAS通过人工智能的摄像头分析，自动识别周围的船只，基于增强现实（AR）技术，确定并警示碰撞风险。这种先进的导航支持系统尤为引人注意的一点在于，即使在夜间能见度有限或有海雾的情况下，它也可以利用红外摄像机分析并提供全面的信息，如障碍物的位置和速度等。

另外，现代重工宣布与微软、英特尔、SK航运、大田创意经济与创新中心（DCCEI），以及蔚山创意经济与创新中心（UCCEI）进行合作，致力于智能船舶的开发。现代重工已与上述公司签订协议，协议称六方将共同启动一个名为"航运服务软件"的智能软件项目，计划在2019年部署至智能船舶，该软件系统既可提高安全系数，也可改善船员们的健康状况，满足船东的需求以及安全航运标准。这次六家大型企业的合作，将充分发挥各自的优势，合力打造一艘结合设备互联、虚拟现实的智能船舶，并且在多家大公司的带动下，将会吸引更多企业进入这个科技领域。如图1.3所示。

图1.3 现代重工正与微软、英特尔等企业开发智能船舶

1.1.2.4 我国智能船舶相关技术的研发

为了引领行业发展，中国船级社（CCS）及早启动了智能船舶规范的研究和编制工作。2015年，CCS基于近年来的科研成果，充分借鉴和考量国内外智能船舶应用经验和未来船舶智能化的发展方向，制定并发布了《智能船舶规范》，该规范由智能航行、智能船体、智能机舱、智能能效管理、智能货物管理和智能集成平台六大功能组成。

通过不断努力，CCS智能船舶规范体系日臻完善。目前，CCS在《智能船舶规范》要求的基础上，形成了智能船舶系列指南，指南包括两大类：基础性指南和功能性指南。基础性指南包括《船用软件安全及可靠性评估指南》和《船舶网络系统要求及安全评估指南》，功能性指南包括《智能机舱检验指南》《智能能效检验指南》《智能货物管理检验指南》《智能平台检验指南》。这一系列指南旨在细化每个模块的规范要求，为智能船舶的设计建造、相关智能产品的开发设计提供指导。

2020年12月9日CCS又发布了《智能船舶规范（2020）》，在保持原有规范框架下，以船舶系统为基础，按照局部应用到全船应用、辅助决策到完全自主的发展方向，增加远程控制操作（R）和自主操作（A）功能，形成了完整的智能船舶规范框架及相应的功能/技术要求。

2024年4月1日，中国船级社《智能船舶规范（2024）》生效实施。为持续提升智能船舶规范标准的先进性、适用性、准确性和可操作性，中国船级社通过科研立项的方式，在特殊任务/作业、特别水域、新型推进动力、辅助航行、远程遥控/自主操作等领域开展了一系列智能技术应用研究，基于科研成果制定了拖船、内河船舶、极地航行船舶、辅助航行、远程遥控等新规范。新规范将进一步引导工业界智能产品迭代升级，增强市场竞争力和应用实效，促进智能技术在拖船、内河船舶、极地航行船舶等领域的应用和推广，更好地服务于工业界。

另外，我国在智能船舶建造与研发方面也处于世界领先水平。2017年12月5日由中船黄埔文冲船舶有限公司、上海船舶研究设计院、中国船舶工业系统工程研究院、沪东重机股份有限公司，联合英国劳氏船级社和中国船级社共同研制的全球首艘智能商船iDolphin（智慧海豚型），38 800 t智能散货船"大智"轮在第19届中国国际海事会展上举行交付仪式。这是全球首艘通过船级社认证的智能船舶，标志着我国智能船舶的建造技术达到了世界领先水平。这艘"会思考的船"是全球首艘通过船级社认证的智能船舶，拥有"大脑""心脏""神经系统"，可实时监控海洋环境、天气、障碍物、港口信息以及船舶内部设备，并通过智能系统平台掌控整艘船。

2018年11月28日，由中国船舶工业集团有限公司（CSSC）所属上海外高桥造船有限公司为招商局能源运输股份有限公司量身打造的40万t级智能超大型矿砂船（VLOC）"明远"号在上海命名交付，标志着中国智能船舶全面迈入新时代，如图1.4所示，"明远"号主要用于巴西至中国航线的铁矿石运输，由上海船舶研究设计院设计。该船总长约362 m，型宽65 m，型深30.4 m，全船共7个货舱、1个液化天然气舱，具有智能、经济、绿色、环保、节能、安全等特点。

图1.4 "明远"号智能超大型矿砂船

作为我国智能船舶1.0研发专项首艘示范船，该船通过构建服务智能系统的网络平台和信息平台，实现了辅助自动驾驶、能效管理、设备运维、船岸一体通信、货物液化监测等五大智能模块功能，同时获得CCS和挪威船级社（DNV GL）认证，是挪威船级社认证的全球第一艘智能船舶。

2019年6月22日，大连船舶重工集团为招商轮船建造的全球首艘30.8万t超大型智能原油船（VLCC）"凯征"号成功交付。作为智能船舶1.0研发专项——超大型智能原油船示范应用项目依托工程，该船的成功交付，不仅在世界大型远洋智能船舶发展进程中具有里程碑意义，也代表中国开启了全球超大型油船智能航运新篇章。

"凯征"号智能成果显著，通过构建服务智能系统的网络信息平台，实现了船舶航行辅助自动驾驶、智能液货管理、综合能效管理、设备运行维护、船岸一体通信五大智能功能。其是全球第一艘获得CCS i-SHIP（I、N、M、Et、C）及OMBO一人驾驶船级符号的VLCC，填补了国际智能VLCC的空白，为大船集团开启"制造+服务"新模式奠定了坚实基础。

1.2 船舶智能运维概述

船舶运维是贯穿船舶全生命周期的关键生产活动。保持高质量的运维，对于提高船舶安全水平、保证系统稳定运行、控制运维成本具有重要作用。近年来，我国海上运输进入快速发展新时期，随着航运量增加，船舶数量及吨位也相应增多，新技术的应用使得船舶设备智能化程度提高，因此对设备的维修质量及运维管理提出了更高的要求。

1.2.1 智能运维的定义

运维即运行与维护，这一概念来自互联网，本质上是对网络、服务器服务的生命周期各个阶段的运营与维护，使其在成本、稳定性、效率上达成一种可接受的状态。船舶运维是指船舶在整个使用寿命期间的运行、维护事宜，保证船舶系统设备能够完成相应的功能，并能安全、经济、环保地完成航行任务。船舶运维不仅包括船舶在营运期间的运行与维护，还包括船舶建造阶段、修船阶段。总之，船舶运维是指船舶在整个寿命期间的一切运行与维护保养事宜，它涵盖了从生产、使用到解体的一切活动。

智能运维，是以关键设备为主要管控对象，围绕设备运维全过程质量控制，采用移动通信、云计算、物联网、大数据、人工智能等先进技术，实现关键系统和设备故障自诊断、远程集中监测、专家系统综合决策、故障预测健康管理等功能的综合智能维修系统，以提高安全服务水平和管理效率，降低劳动强度、技能要求和运维成本。

1.2.2　智能运维的分级

根据 RAMS 规范，故障检测、定位、修复时间，是影响系统可用性的可维修性因素，结合实际运营中维修人员的故障响应时间，故障从发生到修复分为以下几个过程，如图 1.6 所示：

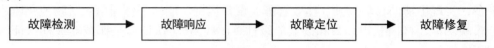

图 1.6　故障从发生到修复的过程

通过减少故障持续时间实现系统可用性是运维管理的主要目标之一，智能运维主要体现在可维修指标及管理效率提升上，按照这一原则，将智能运维等级划分为：

GoM0 级——状态本地监测：以现场设备状态指示，各子系统终端以分散监测为主，设备状态巡视及故障检测需要到设备本地完成，工作效率较低，故障持续时间长。

GoM1 级——智能状态巡视：实时采集并远程集中监测设备状态，对状态数据进行智能分析，以统计结果集中呈现设备故障情况，代替人工巡视及数据分析过程，实现智能状态巡视，大幅缩短故障检测时间，可维修性指标得到提高但仍可能存在故障通知、响应不及时的情况，导致故障持续时间增加。

GoM2 级——智能联动管理：通过设备与管理系统数据互联、系统故障信息自动推送给现场维修处置人员移动端，缩短了故障响应时间，进一步提高可维修性指标，但故障诊断和恢复仍主要依靠现场维修人员的经验和能力，存在故障不能及时修复的情况。

GoM3 级——智能诊断决策：通过开发专家系统，实现故障智能诊断定位并给出合理故障处置建议，缩短了故障定位和修复时间，可维修性指标持续提升，人员技能要求降低、运维成本降低。

GoM4 级——智能故障预测：通过人工智能及大数据技术应用，实现故障预测与健康管理，故障数量及维修工作大幅减少，运维工作以故障预防为主，设备故障和运维成本最大化降低。

不同运维等级，对于系统设备的要求各不相同。表 1.1 所示为智能运维等级之间的比较。随着智能等级的提升，对于运维系统的要求也更加严格。

表1.1 智能运维等级之间的比较

智能运维等级	船舶智能运维系统								
	状态本地监测	远程集中监测	智能状态巡视	智能联动管理	运维数据可视化	可靠性模型	智能诊断模型	故障预测健康管理	运维体系自动运行
GoM0	有								
GoM1	有	有	有						
GoM2	有	有	有	有	有				
GoM3	有	有	有	有	有	有	有		
GoM4	有	有	有	有	有	有	有	有	有

1.2.3 智能运维的组成

船舶智能运维可根据时期、部门的不同进行分类。船舶智能运维按照时期的不同可分为可建造期间船舶运维、营运期间船舶运维、船厂维修期间船舶运维和船舶改造期间船舶运维;按照部门的不同主要可分为轮机部船舶运维和甲板部船舶运维。每个阶段和每个部门船舶运维的内容以及要求都各不相同。本书以轮机部营运期间的船舶运维为例进行介绍。

轮机部营运期间的船舶运维主要包括:系统设备的启动与停止;系统设备参数的记录与检查;系统设备的维护与保养;系统设备的缺陷修复;油料、物料的清点、订购与接收;备件的清点、订购与接收等。

智能运维体系通常包括七大要素,分别是:

1.数据采集和分析:智能运维需要收集和分析大量的数据,包括设备状态、性能指标、日志和事件等信息,以便及时识别和解决问题。

2.机器学习和人工智能:通过机器学习和人工智能算法,智能运维可以自动分析数据、预测问题、优化资源配置等,提升效率和可靠性。

3.自动化操作和管理:智能运维需要具备自动化的操作和管理能力,例如自动化部署、自动化维护、自动化升级等,减少人工干预和误操作。

4.智能决策和优化:智能运维需要具备智能决策和优化能力,例如自动化故障处理、自动化资源调度等,从而提高效率和降低成本。

5.实时监控和预警:智能运维需要实时监控和预警,及时发现和处理问题,避免因问题而带来的业务损失。

6.安全性和可靠性:智能运维需要具备安全性和可靠性,保证设备和系统的正常运行,防止安全漏洞和系统故障。

7.可扩展性和灵活性:智能运维需要具备可扩展性和灵活性,能够适应不同的业务需求和环境变化,支持快速部署和适应性升级。

第2章　船舶智能运维体系

2.1　船舶智能运维体系的构成

船舶智能运维体系又称智能船舶的运维体系，是指通过船舶机械的智能状态感知、智能状态评估、智能状态预测和智能状态知识库等技术和应用，并借助网络和云服务技术等手段，实现船舶在物资的订购和供应、系统设备的日常维护和机械缺陷的修复等方面的智能化管理。其构成框架如图2.1所示。

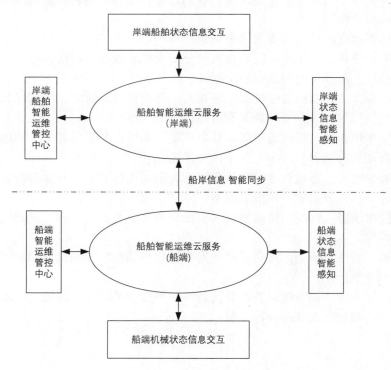

图2.1　船舶智能运维体系构成框架

2.1.1　船舶状态信息智能感知

　　船舶状态信息的智能感知分为船端状态信息智能感知和岸端状态信息智能感知。船端状态信息智能感知包括：航行区域海况气象信息感知、船舶物资供应信息感知、船舶维修服务信息感知、船舶机械检验信息感知等；岸端状态信息智能感知包括：船舶姿态和海况气象信息感知、船舶物资需求信息感知、船舶机械状态信息感知和船舶机械维修信息感知等。其构成如图2.2所示。

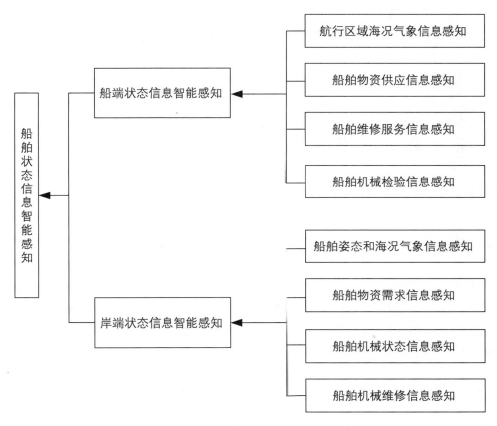

图2.2　船舶状态信息智能感知框图

2.1.2　船舶智能运维云服务管控中心

　　船舶智能运维云服务管控中心是船舶智能运维体系的核心，是实现船舶智能运维的基础，具有数据和信息的存储服务、云计算服务、逻辑推理服务等功能，包括船舶机械智能状态评估系统、船舶机械智能状态预测系统和船舶智能运维知识库系统三部分。其构成框图如图2.3所示。

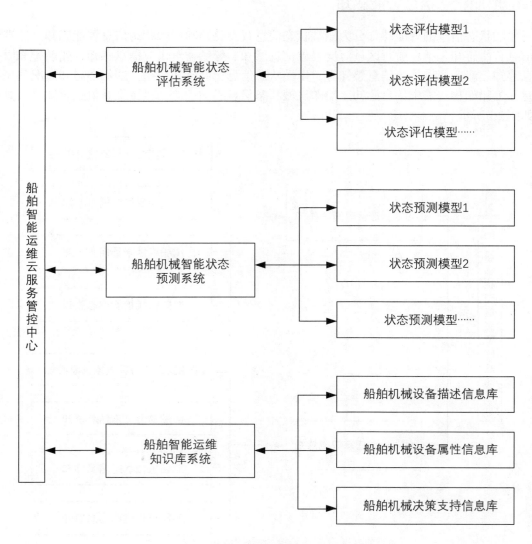

图2.3 船舶智能运维云服务管控中心构成框图

（1）船舶智能运维云服务管控中心是实施云服务的管理和控制核心，保持与外部的信息交互，协调云服务内部各系统或模块间的工作，可认为是云服务的大脑。其主要功能如下：

①通信控制

船舶智能运维云服务管控中心的通信功能是指与外部系统设备或其他云服务中心建立通信通道，接收指令及数据信息后，经过处理和解析，根据指令的要求，将指令编译成云服务内部的通信指令，同数据信息一起推送给"状态评估系统"或"状态预测系统"或"智能知识库系统"。经过三个系统的处理模块处理后，结果被返给通信控制中心，并经通信控制功能模块，返回处理结果到云服务的外部。其具体的工作流程如图2.4所示。

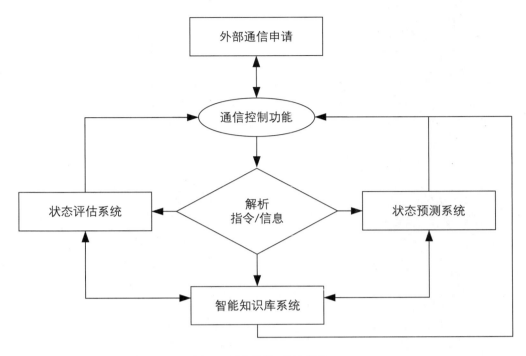

图2.4　通信控制工作流程图

②云服务内部协同工作

云服务内部的"状态评估系统""状态预测系统"和"智能知识库系统"的协调工作由船舶智能运维云服务管控中心的逻辑及推理模块完成。当系统接到外部的请求时，模块根据请求指令的类型，启动相应的逻辑或推理流程，按照程序进行数据的推送和接收，直到得到最终的结果，并返回请求端。云服务内部协同工作流程如图2.5所示。

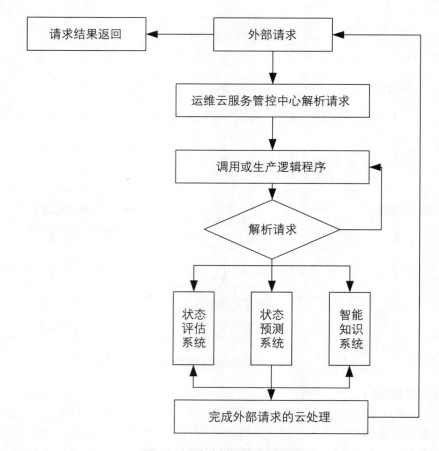

图2.5 云服务内部协同工作流程图

③数据同步控制

数据同步控制包含不同岸基云服务间和船岸云服务间的数据同步，其组成框图如图2.6所示。

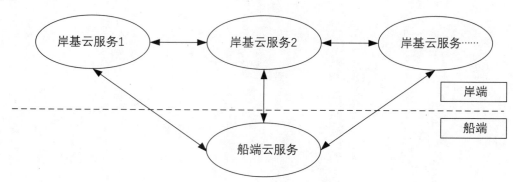

图2.6 数据同步控制组成框图

同步的数据包括船舶机械设备的数据感知、信息感知、算法模型、知识库信息等几方面，数据同步流程如图2.7所示。

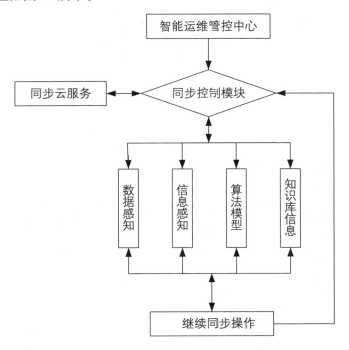

图2.7 数据同步流程

数据感知同步的信息是指通过传感器采集的船舶机械设备的运行数据、船舶的姿态数据和航行区域的环境数据，是进行状态评估和性能预测的技术数据；信息感知的同步是指各类算法或模型的输出结果，是表征船舶机械设备状态的感知信息；算法模型的同步是指各类算法或模型的更新或升级，确保在不同的云服务系统中模型算法相同；知识库信息的同步是指船舶基本信息、辅助决策和决策支持信息的同步。随着系统的不断运行，各类知识信息会不断增加并同步更新。

（2）船舶机械智能状态评估系统是执行船舶机械健康状态评估的模块，接收船舶智能运维云服务管控中心的评估申请，根据评估的具体需求和要求，执行状态评估操作，并返回评估结果。船舶机械智能状态评估系统工作流程如图2.8所示。

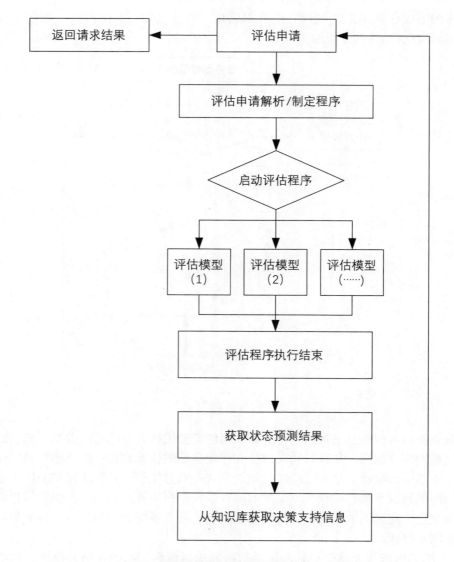

图2.8 船舶机械智能状态评估系统工作流程

（3）船舶机械智能状态预测系统是执行船舶机械健康状态预测的模块，接收船舶智能运维云服务管控中心的评估申请，根据评估的具体需求和要求，执行状态预测操作，并返回预测结果。其工作流程与船舶机械设备状态评估流程相同。

（4）船舶智能运维知识库系统可实现船舶机械的数据信息、状态信息和专业知识等数字化信息的分类存储、智能查询和逻辑输出。其中船舶机械设备描述信息库包括标准的中文描述信息、英文描述信息及其类型描述信息；船舶机械设备属性信息库包括标准的参数信息、缺陷信息、维修信息、操作信息和检验信息的中英文描述信息；船舶机械设备决策支持信息库包括缺陷的辅助决策、设备和属性的操作支持信息。

2.1.3 船舶智能运维云服务管控中心

船舶智能运维云服务管控中心可分为岸端管控中心和船端管控中心，其基本的功能和工作流程的逻辑相同，都是接收外部指令，并通过协同云服务内部各系统间的协同工作，返回处置的结果。

（1）岸端船舶智能运维云服务管控中心

岸端船舶智能运维云服务管控中心是岸基云服务平台的管理中心，具有登录权限管理、评估/诊断模型更新、运维知识库更新和船岸信息交互控制等功能。

（2）船端船舶智能运维云服务管控中心

船端船舶智能运维云服务管控中心是船端云服务平台的管理中心，具有用户登录管理、更新控制、感知信息控制及控制信息等功能。

2.1.4 船舶状态信息交互

船舶状态信息交互包括船端机械状态信息交互和岸端船舶状态信息交互两方面。

（1）船端机械状态信息交互

船端机械状态信息交互包含两方面：一方面感知船舶系统设备的运行数据（工作参数），经接口输入至云服务中，并被分类存储；另一方面输出云服务对设备的操作指令，包括参数设置和执行机构操作等指令，可实现对机械设备的遥控操作及自主操作。其框图如图2.9所示。

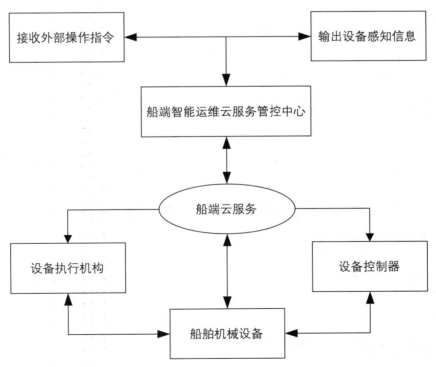

图2.9 船端机械状态信息交互框图

（2）岸端船舶状态信息交互

岸端船舶状态信息交互包括特定属性信息感知、船舶公共信息感知和船舶状态信息的推送三方面。其框图如图2.10所示。

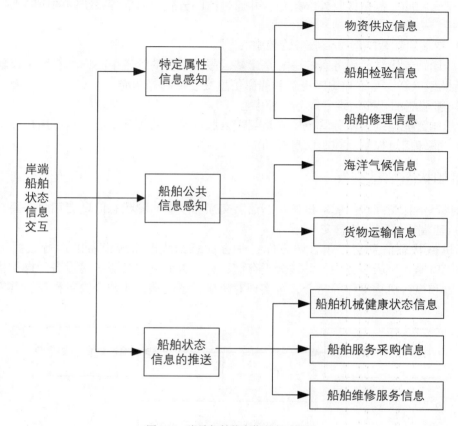

图2.10　岸端船舶状态信息交互框图

2.2　智能船舶的物资管理

船舶的物资一般是指备件和物料两类。备件类物资是船舶机械正常运行的保障，具有库存量大和占用资金较多等特点。物料类物资一般是指船舶日常消耗的用品。其库存和占用资金一般稳定。

2.2.1　船舶备件智能管理系统

船舶备件的数量一般以满足船级社最低数量要求作为库存的标准。这个标准库存是一个最低的标准，用户需要根据船舶航线、备件消耗和备件供给能力等因素进行动态调整。船舶备件智能管理系统借助部署于船舶智能知识库中的船舶备件智能管理模块、船舶备件消耗评估模块和船舶备件供给评估模块，实施船舶备件的智能化申请和接收，以保持最优的备件库存，在保障船舶备件消耗需求的前提下，减少备件资金的占用。图2.11为基于云服务模式的船舶智能备件管理系统框图。

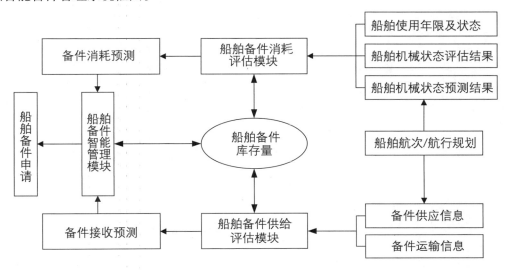

图2.11 基于云服务模式的船舶智能备件管理系统框图

（1）船舶备件消耗评估模块

船舶备件消耗评估模块是船舶备件智能管理的核心，根据船舶的使用年限及其当前的状态、船舶机械的状态评估结果、船舶机械的状态预测结果和船舶航行/航次的规划及影响等方面的因素，同时分析船舶库存备件量的变化规律和特征，借助部署于云服务器中的评估算法及预测模型，对船舶备件的消耗量进行动态评估和预测，给出船舶的备件申请动态预测信息。

（2）船舶备件供给评估模块

船舶备件供给评估模块是船舶备件智能管理的重要组成部分，根据船舶航行/航次的规划、备件的供应信息、备件运输信息和港口的物资供船信息等影响因素，结合船舶库存备件量的变化规律和特征，借助部署于云服务中的备件供应和运送评估模型和预测算法，给出备件订购方面的动态预测信息。

（3）船舶备件智能管理模块

船舶备件智能管理模块是船舶备件的管控平台，根据船舶备件消耗评估模块给出的备件申请预测信息和船舶备件供给评估模块给出的备件订购预测信息，结合船舶备件库中备件的申请、接收、消耗的特征和规律，定期或不定期地制定船舶备件申请单。此备件申请单可根据部署于云服务中的备件申请的流程，完成审批并送达备件供应厂家或供应商。

①备件申请流程

备件申请流程是指由船方根据备件消耗和船舶安全需要提出备件申请并报送公司，公司根据管理制度及流程进行审批，并选择备件供应商订购备件的工作流程。备件订购流程图如图2.12所示。

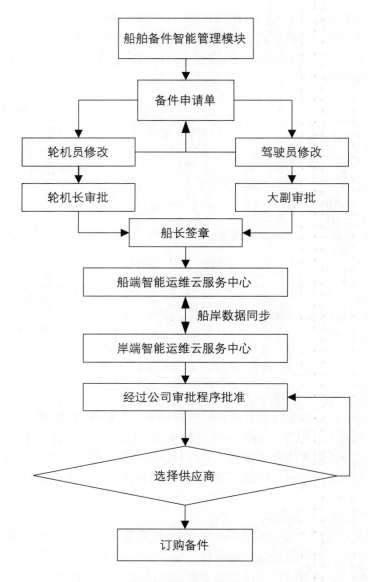

图2.12　备件订购流程图

　　船舶备件智能管理模块推送的备件订购单分为两类：一类为周期性的船舶备件申请单，一般为一个月，可根据船舶管理公司的规定和船舶维修计划修改；另一类为临时性（应急性）的船舶备件申请单，多由突发的船舶系统设备的故障引起了备件的异常消耗导致。

　　②备件接收流程

　　备件被送到船舶上以后，由轮机员和驾驶员分别清点和核对所属设备的备件，核对无误后，将备件入库。根据备件的入库形式，可手动或自动地生成备件的入库信息；备件的接收信息分别经轮机长和大副审核签字汇总后，由船长加盖船章。备件接收信息和备件入库信息被输入船端智能运维云服务中心，经船岸数据同步反馈到岸基云中心。备件接收流程图如图2.13所示。

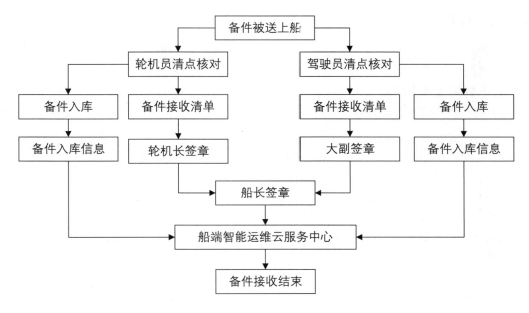

图2.13 备件接收流程图

③备件消耗流程

船舶备件消耗是指备件被移出备件库（备件存放处）并安装在设备上的过程。备件消耗后，需要修改在系统中对应备件的数量和属性。备件消耗流程图如图2.14所示。

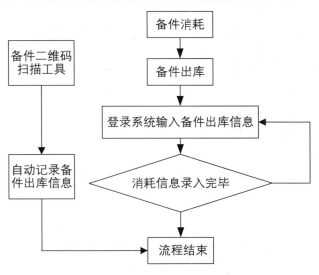

图2.14 备件消耗沉程图

备件消耗信息录入系统有两种模式：一种是备件库安装有扫描识别设备，通过备件识别码（如二维码、条形码、标准备件码等）自动记录备件出入库信息并同步更新船端云服务中的对应项；另一种需要使用人员（轮机员或驾驶员）登录系统，手动修改对应的备件消耗信息。

2.2.2 船舶物料的智能管理

船舶物料类物资的库存一般没有统一的规定，各船舶公司根据公司船型和航线的情况，制定各公司的物料管理规章制度。物料的消耗量相对固定，其费用主要受采购价格的影响。船舶物料的智能管理由船舶物料消耗预测模块、船舶物料供给预测模块和船舶物料智能管理系统等组成，船舶物料智能管理框图如图2.15所示。

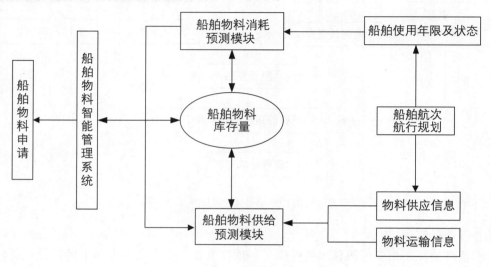

图2.15　船舶物料智能管理框图

船舶物料智能管理系统根据船舶物料消耗预测模块、船舶物料供给预测模块和船舶物料库存量情况，按照公司的物料申请间隔规定，制定出物料申报单。其中物料消耗预测主要根据船舶的使用年限及状态和船舶航次及航行的规划信息，再结合物料的库存及消耗信息，给出船舶物料消耗的预测值或物料申请的预测值；船舶物料供给预测模块根据物料供应信息和物料运输信息并结合船舶库存物料的申请、接收和消耗数据，给出船舶物料供给预测值。物料消耗预测值和物料供给预测值是船舶物料智能管理系统制定物料申请单的主要依据。物料申请单制定后，根据公司规定的申请流程，由岸基云服务中的物料采购模块选择物料供应商，并制订物料供船的计划。船舶物料的申请、接收和消耗流程与船舶备件类似。

2.3　智能船舶的日常维护

船舶正常营运期间，为其实施动力保障的船舶系统设备需要进行必要的维护和保养，才能确保其在规定的条件下完成规定的功能，进而确保船舶的安全航行。其日常维护工作主要包括船舶系统设备运行参数（工作参数）管理和船舶系统设备运行状态管理两方面。船舶系统设备日常维护框图如图2.16所示。

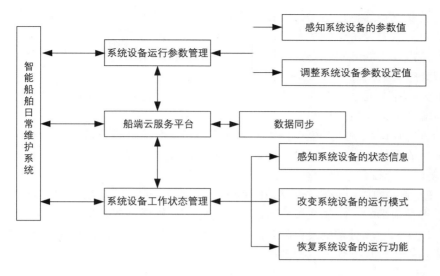

图2.16 智能船舶日常维护系统图

如图2.16所示，智能船舶日常维护系统的运行模式、运行参数和主要技术指标都来自船端云服务平台中关于设备的健康状态评估和状态预测的结果。船端云服务平台借助船岸通信，与岸端云服务平台数据同步，保障对船舶系统设备的实施最优的日常维护。

（1）船舶系统设备工作参数管理

船舶系统设备的工作参数值能一定程度反映其工作状态，因此在系统设备运行期间对其工作参数进行分析处理是参数管理的最基本手段。借助船端云服务器中的设备运行参数（工作参数）的评估和预测模型，及智能知识库中的对应知识信息，完成对船舶系统设备运行参数的分析处理，并将结果推送给管理人员或监控终端。系统设备工作参数管理流程图如图2.17所示。

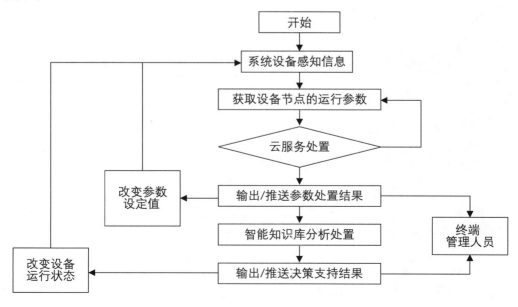

图2.17 系统设备工作参数管理流程图

①系统设备感知信息包括运行设备的参数信息和状态信息。设备的参数信息一般为设备的功能参数值，随着设备运行状态、运行环境和运行条件的不同而不同，具有实时性。设备的状态信息是指设备的健康状态，包括状态评估值、状态预测值等，一般是指需要借助分析和处理模型处置后给出的运行状态信息。

②借助云服务中的处置模块对感知的参数值逐一进行处置。处置的结果推送给管理人员或指定的终端，进行参数信息的显示。

③借助智能知识库中的系统设备健康管理模型对参数值进行分析处理，给出分析结果。处理结果包括危害信息、影响信息、处置方法、操作程序等决策支持信息。

（2）船舶系统设备运行状态管理

船舶在航行过程中，受海洋气候条件和海况变化的影响，为船舶提供动力的系统设备的运行状况也将受到影响。船舶系统设备运行状态管理能够借助于船端云服务平台中对应的分析模型和知识库，完成对系统设备的状态信息的感知、运行模式的改变和运行功能的恢复等功能。系统设备运行状态管理流程图如图2.18所示。

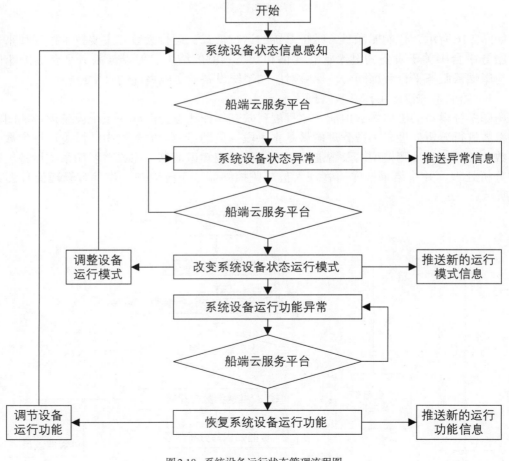

图2.18　系统设备运行状态管理流程图

从流程图中可以看出，当感知到系统设备的运行状态发生异常时，系统就会推送异常的状态信息，目标可以是显示终端，也可以是管理人员的便携终端。之后借助船端云服务平台中对应的系统设备的诊断模块对其进行分析，根据结果进行处置。首先采用改变系统设备运行模式的方式进行处置，比如可以采用切换备用部件、设备及整个系统的方式，以使其尽快恢复功能；如果还无法使其恢复功能，通常借助船端云服务平台的应急处置模块，实施故障或缺陷部件的修复或隔离，以便使系统设备的功能完全恢复或部分恢复，保障船舶的航行安全。

2.4 智能船舶的缺陷修复

根据船舶缺陷或故障的类型及特点，其修复方案通常可以被分为船舶缺陷应急处置方案和船舶缺陷岸基修复方案两种，其构成框图如图2.19所示。

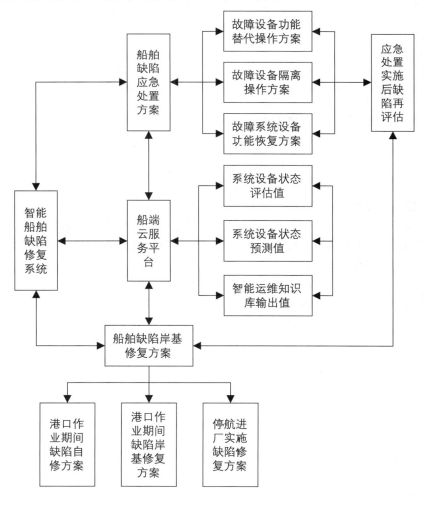

图2.19 智能船舶缺陷修复系统构成框图

2.4.1 船舶缺陷的应急处置

船舶缺陷的应急处置一般是指在船舶航行期间偶发的船舶系统设备的缺陷，并需要及时修复以恢复其运行的船端处置的方式或方法。根据采取的处置措施，船舶缺陷岸基修复方案可以分为故障设备功能替代操作方案、故障设备隔离操作方案和故障系统设备功能恢复方案三种，其构成框图如图2.20所示。

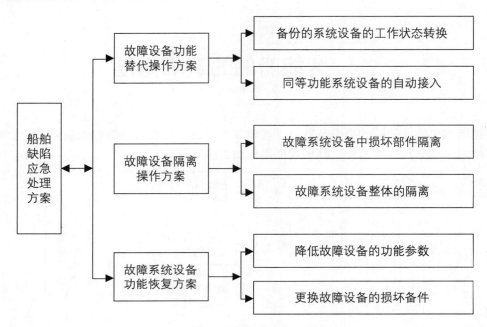

图 2.20　船舶缺陷应急处置构成框图

（1）故障设备功能替代操作

船舶上的每一个系统设备都具有在规定条件下完成规定功能的能力特性，其完成规定功能的状态信息通过设备上的感知仪器的数据信息、云服务器中的设备状态评估模型和预测模型的输出实现实时监测。当发现系统设备出现异常或故障时，云服务器会根据所存储的应急处置知识信息和推理逻辑，输出应急处置方案。其处置方案主要分两种：第一种是起动故障设备的备用设备（互为备份的设备），恢复设备的功能；第二种是起动或切入与故障设备同等功能的其他设备，代替故障设备的功能。其流程框图如图2.21所示。

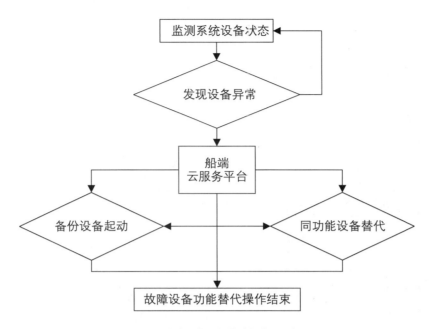

图2.21 故障设备功能替代操作流程框图

（2）故障设备隔离操作

船舶上的系统设备出现异常或故障，无法通过功能替代方案恢复其功能时，需要对故障设备进行隔离或故障设备的部件进行隔离操作时，此时由船端云服务器中的应急隔离处置模块输出操作方案或直接输出隔离指令到隔离执行机构，自动或自主地实施隔离操作。其隔离处置方法分两种：第一种是对故障系统设备进行整体隔离，避免对其他系统或设备产生干扰；第二种是隔离故障设备中的功能块或部件（如主机的封缸操作），恢复故障设备的全部功能或部分功能。其隔离操作流程与功能替代流程相似。

船舶上的系统设备由于故障被实施隔离操作之后，都会导致其性能下降，进而影响船舶的操纵性能，其性能下降的程度与被隔离设备的功能相关。此时，船端云服务平台中的相关性能评估模块会重新评估船舶及其系统设备的性能和状态，修改或调整相关系统设备的性能指标，并输出当前条件下的船舶操纵决策支持信息或指令。

（3）故障系统设备功能恢复处置

部分船舶系统设备的功能在运行一段时间后，由于脏污、结垢、堵塞等原因会导致其性能下降，进而影响其功能，表现为缺陷设备的健康值变小。借助部署于船端云服务平台中的设备功能自恢复模块，实时地分析相关设备的健康值及其变化特性，根据其功能恢复的特性，周期性或激发性地实施功能自恢复操作，以恢复其功能，如图2.22所示。

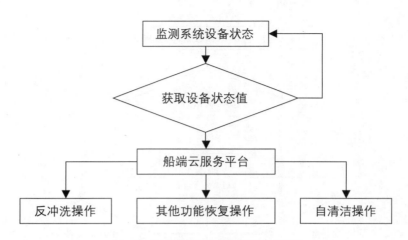

图 2.22　故障系统设备功能恢复处置框图

2.4.2　船舶缺陷的岸基修复

船舶缺陷的岸基修复一般是指根据船舶维修规划涉及的船体和系统设备的周期性维修，或涉及船舶证书的检验性维修，或船舶缺陷的应急处置需要岸基继续维修的项目。一般船舶停泊或停航时，由船上工作人员或岸基专业维修人员执行缺陷修复处置方案。根据参与维修的人员、维修地点和处置措施的类型和操作特点，其可以被分为港口作业期间缺陷自修方案、港口作业期间缺陷岸基修复方案和停航进厂实施缺陷修复方案三种，其构成框图如图 2.23 所示。

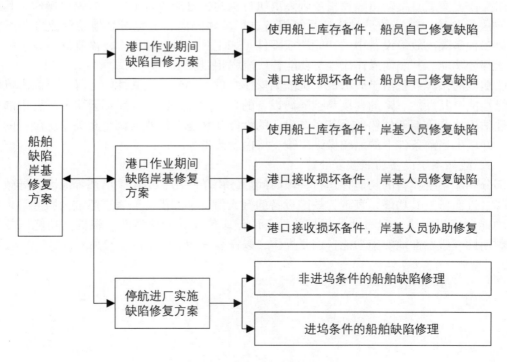

图 2.23　船舶缺陷岸基修复方案构成框图

（1）港口作业期间缺陷自修方案

港口作业期间缺陷自修是指在航行期间发生的设备缺陷，已经导致设备性能的下降或在航行期间已经采取隔离或替代操作的设备缺陷，依靠船员的力量能够修复或恢复设备性能的维修工作。缺陷自修对摸清技术状况、及时消除隐患、节约修理费用、缩短修理期、延长船舶寿命、提高船员技能和保证船舶安全都有重要作用。

船舶抵港前，通过查询岸端云服务平台中的港口维修单，生成机械设备缺陷自修清单，在报请部门长、船长和公司主管后，由船长统一组织实施。完工后由部门组织验收，并将维修结果录入岸端云服务平台中，通过船岸数据同步实现港口作业期间缺陷自修结果的共享。港口作业期间缺陷自修流程如图2.24所示。

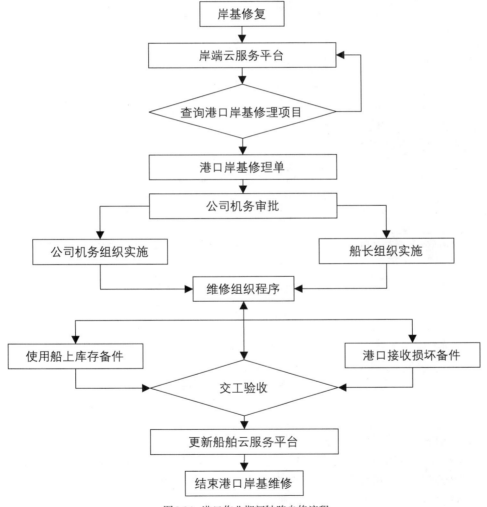

图2.24 港口作业期间缺陷自修流程

（2）港口作业期间缺陷岸基修复方案

船舶营运中发生局部过度磨损或一般性故障，进而影响航行安全，同时船员难以自修，此类故障必须由船厂或航修站的专业人员进行修理，或提供专业维修工具协助船舶人员进行缺陷修理。航修利用船舶在港作业（装卸货）期间执行修复，不影响船舶营运。岸基修复可以由岸基人员单独完成，也可以由岸基人员指导或协助船员共同完成。港口作业期间缺陷岸基修复流程如图2.25所示。

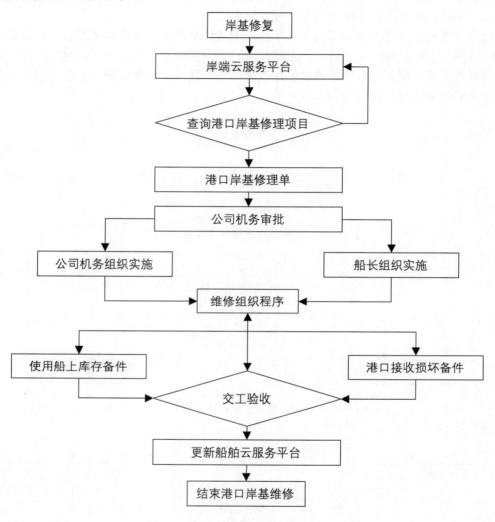

图2.25　港口作业期间缺陷岸基修复流程

（3）停航进厂实施缺陷岸基修复方案

　　船舶营运中发生的过度磨损和腐蚀、在港作业期间难于完成修复的缺陷，必须停航进厂修复。缺陷修复后一般可以保证到下次修理期内的安全运转，需要进坞修复的缺陷必须安排进坞。停航进厂缺陷修复流程如图2.26所示。

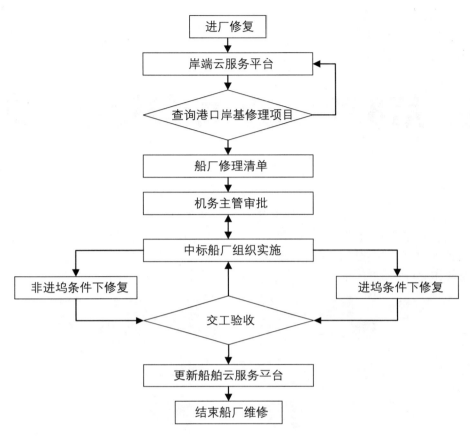

图 2.26　停航进厂缺陷修复流程

第3章 船舶机舱智能感知

　　船舶机舱是船舶的动力心脏，其内部包含众多复杂的设备和系统，如主机、辅机、轴系、齿轮箱、管路等。船舶机舱智能感知技术通过集成各种传感器和监测设备，实时收集机舱内部的各种数据，如温度、压力、振动、转速等，并对这些数据进行处理和分析，以实现对机舱设备和运行状态的全面监测和感知。船舶系统设备感知体系如图3.1所示。

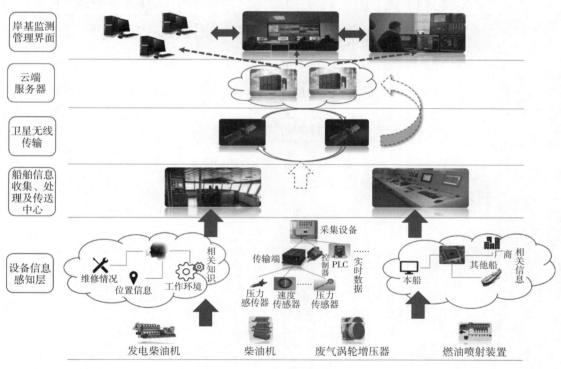

图 3.1　船舶系统设备感知体系

　　状态感知是智能运维的前提和基础。如图3.1所示，以传感器为核心的检测系统就像人的神经和感官一样，源源不断地向船舶管理人员提供船舶系统设备的各种信息，成为人们掌握了解系统状态的有利工具。传感器又称为"电五官"，是获取信息的主要途径与手段。没有传感器，船舶智能化和自动化就失去了基础，就像人没有了感官系统一样。所以，传感器是智能化和自动化的首要部件和信息技术的源头。随着船舶智能化和自动化程度越来越高，对传感器的依赖性越来越大，传感器技术对船舶智能体构建及集成系统健康管理的作用也越来越重要，如图3.2所示。没有状态感知的机器无法被称为智能机器。要实现状态感知，就需要各种各样的感应器件，这些感应器件就是形形色色、各式各样的传感器。传感器未必一定是元器件型的传感器，实际上能起到传感作用、实现状态感知的技术组合是多种多样的。

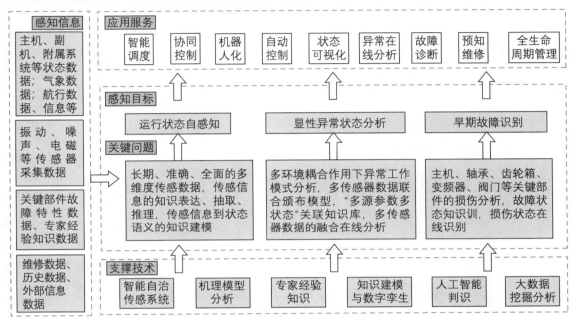

图3.2　船舶系统设备状态感知研究问题与建设目标

3.1　面向运维需求的状态感知要素分析

传感器是一种能够对当前船舶系统设备状态进行识别的元器件，当特定的状态发生变化时，传感器能够立即察觉出来，并且能够向其他的元器件发出相应的信号，用来告知状态的变化。多维感知部分通过整合部署各类在线监测装置、传感器、视频等辅助设备，实现设备状态的多维、实时、全景感知。船舶状态感知主要包括船舶态势感知、系统设备状态感知、环境感知等。

（1）船舶态势感知

船舶态势即为船舶在客观环境下受到各种内外力影响而形成的船舶实际运动趋势及状态，以及后续可能包含着的变化。表3.1所示为船舶系统设备感知因素分析。

表3.1 船舶系统设备感知因素分析

感知因素	感知对象	感知方式
船速	速度	GPS数据
吃水	吃水深度	测深传感器
横纵倾	姿态	横纵倾传感器
船位	位置	GPS数据
港口环境	视野	全景摄像头
水深	深度	超声波传感器
……	……	……

（2）系统设备状态感知

表3.2所示为船舶系统设备感知因素分析。

表3.2 船舶系统设备感知因素分析

感知因素	感知对象	感知方式
热负荷	温度	温度传感器
位移	距离	位移传感器
速度	转速	速度传感器
泵	压力	压力传感器
机械运动	振动	振动传感器
……	……	……

（3）环境感知

气象环境对船舶航行的影响巨大，特别是突发的气象环境的变化。如雷电、暴雨、强风、突发性浓雾等，在运维过程中，需要我们对气象形式进行分析评估，再结合航道特点、船舶密度进行综合分析，制定船舶操纵决策。环境感知因素分析如表3.3所示。

表3.3 环境感知因素分析

感知因素	感知对象	感知方式
风	风力、风向	风向传感器
环境温度、湿度	温度、湿度	温湿传感器
浪、流	浪高、洋流	气象数据
大气气压	压力	气压计
……	……	……

3.2　船舶智能传感器系统

智能感知是一个监测并控制外部环境与条件的基础手段和系统。监测过程中的传感器和信号收集系统就是完成信息获取的机构。智能感知系统主要由感知模块、数据处理模块、决策模块和执行模块组成。这些模块协同工作，共同实现对环境信息的感知、处理、决策和执行。

3.2.1　传感器模糊优选

为建立面向船舶智能运维的感知模块，在分析得到运维的感知因素后，需要结合感知因素的特点以及功能的需求，确定构建感知模块过程中所需要的传感器具体型号。当前传感器选择存在的问题：一是主观性强，面对众多指标参数时，用户无法进行综合比较，通常凭借主观印象进行传感器选择；二是随机性强，许多用户在无法抉择时，会根据别人的推荐或参考在本领域其他人的选择而进行选择。为了解决这类问题，本书提出了传感器模糊优选方法。

（1）模糊优选模型建立

参考模糊优选理论中提出的观点，有多少种传感器产品就相当于有多少种决策，选择的实质就是优选。利用模糊优选理论建立传感器优选模型进行方案选择，可以解决选择过程中主观性强、随机性强等问题，使用科学客观的方法来确定最佳的传感器方案。运维传感器选型方案，即决策集为：

$$d = (d_1, d_2, \cdots, d_m) \tag{3.1}$$

其中，$d_i(i = 1, 2, \cdots, m)$表示第i个可行方案。

主要评价指标集为：

$$U = (u_1, u_2, \cdots u_n) \tag{3.2}$$

其中，$d_i(i = 1, 2, \cdots, n)$表示第i个影响评价指标。

评价指标不属于同一类别，可以分为多个层次，同时需要将所有的指标进行分类分层，建立优选方案评价指标层次机构模型。以最高层指标为结构第一层，第一层中的每一个指标对应的隶属度组成第一层模糊优选的隶属度矩阵R_1^1：

$$R_1^1 = \begin{bmatrix} r_{11} & r_{12} & r_{1m} \\ r_{21} & r_{22} & r_{2m} \\ \cdots & \cdots & \cdots \\ r_{n1} & r_{n2} & r_{nm} \end{bmatrix} \tag{3.3}$$

第一层的指标权重集为：

$$W_1^1 = \{W_1, W_2, \cdots, W_n\} \tag{3.4}$$

由R_1^1和W_1^1进行点乘运算，可得到本层的模糊优选隶属度为：

$$B_1^1 = W_1^1 \cdot R_1^1 = \{B_{11}, B_{12}, \cdots, B_{1m}\} \tag{3.5}$$

这个指标的隶属度和第二层其他指标的隶属度构成第二层模糊优选的隶属度矩阵。从第一层开始逐层下降，每一层都需要进行模糊运算，直至最底层获得所有方案的隶属度，依据最大隶属度原则，选择隶属度最大的方案为最佳方案。

（2）模糊优选模型参数确定

为了确定模型中每一个指标的隶属度以及每一层的权重，需要进行隶属度和权重计算，方法如下：所有的评价指标可以分为定量因素（如购买价格、维修价格等）和定性因素（如稳定性、兼容性等）。定量因素可采用相对隶属度公式：

$$r_{ij} = \frac{x_{i\,max} + x_{i\,min} - x_{ij}}{x_{i\,max}} \tag{3.6}$$

其中，$x_{i\,max}$、$x_{i\,min}$ 为目标特征的最大值和最小值。

对于在评价指标中的定性因素，确定其相对隶属度无法用数学公式直接得到，需要利用对评价指标理解的经验和知识来帮助确定。过程主要可以分为两步：首先需要对决策集进行排序，再通过对优越性、重要性等进行量化比较，最终确定隶属度。具体方法如下：

（1）决策集优越性定性排序

就某一因素 c_i 而言，将决策集中的决策 d_k 与 d_l 做二元优先关系对比，若

d_k 比 d_l 优越，取 $e_{kl} = 1, e_{lk} = 0$；

d_l 比 d_k 优越，取 $e_{kl} = 0, e_{lk} = 1$；

d_l 与 d_k 同样优越，取 $e_{kl} = e_{lk} = 0.5$。

因此，可以得到二元优先关系矩阵：

$$E = \begin{bmatrix} e_{11} & e_{12} & \cdots & e_{1n} \\ e_{21} & e_{22} & \cdots & e_{2n} \\ e_{m1} & e_{m2} & \cdots & e_{mn} \end{bmatrix} = (e_{kl}) \tag{3.7}$$

由此，可以根据决策集优越性排序，并确定这一因素 c_i 的最优决策 d_j（可能同时存在多个，取一个即可）。

（2）决策集优越性定量计算

就某一因素 c_i 而言，最优决策为 d_j，将每一个决策集中与 d_j 进行优越性比较，并根据经验给出定量标度，得到决策集相对 d_j 的优越性比较行向量 A_j：

$$A_j = [a_{j1} a_{j2} \cdots a_{jj} \cdots a_{jn}] \tag{3.8}$$

满足条件：

$$\left. \begin{array}{l} 0.5 \leqslant a_{jk} \leqslant 1 \\ a_{jj} = 0.5 \end{array} \right\} \tag{3.9}$$

式中，a_{jk} 就因素 c_i 而言，将决策 d_j 对 d_k 就优越性做二元比较的优越性定量标度，一般由经验得出，a_{jk} 越大说明 d_j 相较 d_k 的优越性越强。那么就某一因素 c_i 而言，决策集中相对隶属度量化公式为：

$$r_k = \frac{1 - a_{jk}}{a_{jk}}, 0.5 \leqslant a_{jk} \leqslant 1 \tag{3.10}$$

为了决策优越性比较使用方便，结合中文语言习惯引用语气算子，用同样、较为、显著等不同的语气算子代表不同的定量标度，并使用式（3.10）获得对应的相对隶属度，如表3.2所示。指标权重是指同一层指标因素的相对重要性，计算方法与定性因素相对隶属度相同，也可以使用语气算子进行表示，关系表与表3.2相同，只是在权重计算后还需进行归一化处理，权重计算表达式为：

$$N_i = \frac{\dfrac{1-g_{ji}}{g_{ji}}}{\displaystyle\sum_{i=1}^{m}\dfrac{1-g_{ji}}{g_{ji}}}, 0.5 \leqslant g_{ji} \leqslant 1 \tag{3.11}$$

3.2.2　多传感器布局设计

在船舶系统设备智能感知模块构建过程中，通过布置一定数量的相关类型传感器，可以更准确地获取运维过程中各种影响因素的实际值，从而为智能运维的实时分析和自主决策提供数据支持。然而，如果传感器布置数量过多或布置位置不够合理，会产生大量冗余传感器布置节点，造成数据传输冲突，最终影响基于感知数据的单元状态感知模型的表达准确度，且造成资源浪费。

3.2.2.1　传感器数量确定模型的建立

在前文的研究中已经明确了实现船舶智能运维所需的感知因素有温度、压力、液位、功率等。每一个感知因素传感器信息之间都存在着一定量的转化关系，如在进行离心泵状态感知的时候，往往能通过较少的关键点状态信息去表达产品运行状态比如出口压力，这也意味着不需要在泵的每一点都布置传感器。本节利用统计学中参数估计的方法，为确定传感器的个数建立船舶系统设备传感器数量确定模型，以实现对设备及系统传感器数量的合理规划。

假设船舶系统设备传感器对感知因素的测量是同步的，测量数据总体为高斯分布 $N(x,\sigma^2)$。为了降低感知测量的误差水平，可采用在同一测量点布置多个同一类型传感器平均化的方法。对于布置系统设备的某一种类传感器，如果采用单个传感器布置，测量精度的变异系数为 δ，那么采用 n 个传感器平均化后，测量精度的变异系数为：

$$\delta = \frac{\delta}{\sqrt{n}} \tag{3.12}$$

采用 n 个传感器时，感知模块在95% 置信区间内测量误差为：

$$E = 1.96\delta_n = \frac{1.96\delta}{\sqrt{n}} \tag{3.13}$$

根据精度要求可以得到 E 的具体值（一般由精度设计方直接给出），若容许测量误差 E 取为 b，则在同一定位器上布置同一类型传感器，需要布置的传感器个数 n 为：

$$n = INT\left(\frac{1.96\delta}{b}\right)^2 + 1 \tag{3.14}$$

3.2.2.2　传感器位置的确定

本书研究将用于获取感知因素状态信息的传感器。按照感知因素的变化特点，传感器布局位置方法主要采用基于有效独立法的传感器布置方式。

有效独立法的核心思想是从所有可能的测点出发，逐步删除信息矩阵行列式值变化最小的自由度，保留目标模态对线性无关贡献最大的测点，来实现对传感器的布置优化，即在有限的传感器布置下，尽可能地保留线性无关信息，获得最佳估计。

定义传感器的输出响应为 U_s，则

$$U_s = \Phi_s q = \sum_{i=1}^{N} \Phi_i q_i \qquad (3.15)$$

式中，q 为模态坐标，Φ_s 为所测得的 $n \times N$ 阶模态矩阵，n 为 Φ_s 的自由度数，N 为其模态阶数，Φ_i 为第 i 阶模态振型，q_i 为振型参与系数。

上述式的模态坐标 q 最小二乘解为：

$$q [\Phi_s^T \Phi_s]^{-1} \Phi_s^T \qquad (3.16)$$

考虑噪声 S，则响应可以表示为：

$$U_s = \Phi_s q + S = \sum_{i=1}^{N} \Phi_i q_i \qquad (3.17)$$

对应 q 存在偏差，假设为无偏有效估计，估计偏差的协方差矩阵 P 可以表示为：

$$P = E\left[\left(q - \hat{q}\right)\left(q - \hat{q}\right)^T\right] = Q^{-1}$$
$$Q = \frac{1}{\sigma^2} \Phi_s^T \Phi_s \frac{1}{\sigma^2} A_0 \qquad (3.18)$$

式中，Q 为 Fisher 信息矩阵，A_0 取得最大值时 Q 也取得最大值，因此可以用 A_0 的特征值和特征向量。由式（3.18）可以推出

$$\psi A_0 \psi = \lambda$$
$$\psi^T \lambda^{-1} \psi = A_0^{-1} \qquad (3.19)$$

构建矩阵 E，令 $E = \Phi_s \psi \lambda \left(\Phi_s \psi\right)^T$，则 $E = \Phi_s A^{-1} \Phi_s^T = \Phi_s [\Phi_s^T \Phi_s]^{-1} \Phi_s^T$。

有效独立法计算流程如图3.3所示。

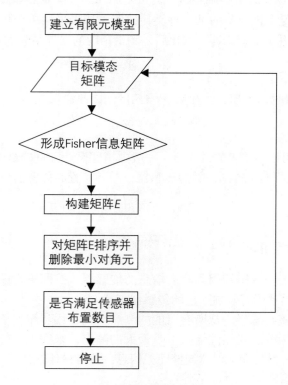

图3.3 有效独立法计算流程

3.2.3　多源异构数据状态感知

3.2.3.1　多传感器信息融合方法

对同一个感知因素测量的多传感器融合算法的步骤是：首先进行时间和空间的配准；然后用数据互联的方法对感知因素状态进行检测和识别，提高可信度；最后进行数据压缩和滤波，提高状态估计的精度。设 z_1、z_2 是传感器1和传感器2测量值，若

$$|z_1 - z_2 \leqslant 1 z_T| \tag{3.20}$$

则认为这两个数据是两部传感器对同一目标的观测值，称为两点互联，其中 Z_T 为关联波。在多个感知对象情况下，各传感器送往感知模块融合中心的是多个观测值，直接将这些数据发送给融合中心，其对感知信息互联判断的运算量是十分庞大的。所以在传感器将数据发往融合中心之前应对数据进行排序，融合中心对数据用二分法进行感知信息互联，这样可以大大缩小判断范围。尤其是在多目标情况下，一个传感器感知信息可能与另一个传感器的多个感知信息互联，也就是说，当用二分法找到某点符合要求时，必须对前后的点都进行判断，找出所有符合要求的点，然后采用最近邻域法去判断。对于相互关联的传感器测量值 z_1、z_2，按式（3.21）合并：

$$\hat{z} = \left(\frac{1}{\sigma_{z_1}^2 + \sigma_{z_2}^2} \right) (\sigma_{z_2}^2 \cdot z_1 + \sigma_{z_1}^2 \cdot z_2) \tag{3.21}$$

$$Var\left[\hat{z} \right] = \left(\frac{1}{\sigma_{z_1}^2 + \sigma_{z_2}^2} \right)^{-1}$$

式中 σ_i^2 为第 i 部传感器对感知因素的观测误差，$Var\left[\hat{z} \right]$ 为合并后的感知因素状态方差。从式（3.21）的结果可以推广到具有更多传感器的感知模块。不难发现，最终估计的结果是各传感器的观测值按精度加权，因而提高了测量精度。

3.2.3.2　状态感知模型构建

（1）设备状态感知模型定义

将系统设备感知信息以多维向量的形式表示，即状态感知模型，记为 SA—$Model$。

定义：船舶系统设备状态感知模型 SA—$Model = \{e_0, e_1, e_2, \cdots, e_n, \}$，在此式中，$e$ 为感知对象，n 为感知对象个数。

（2）智能体单元状态感知模型建立

按照运维需求的感知对象，确定感知因素（压力、温度、速度等）和感知方式，在上述技术研究的基础上，构建了包含温度传感器、压力传感器、速度传感器等的感知网络，用于获取状态感知数据。

3.3 传感器布局模型应用

为提高系统的可靠性和安全性，同时为满足运维过程中的健康监测与维修管理的需求，系统传感器配置在满足监测数据采集需求的同时，应该需要考虑系统故障诊断和隔离（FDI）的性能要求，即在满足系统可观测性、故障诊断与隔离和成本预算以及各约束条件的前提下，确定传感器组合方案。目前，在系统健康监测领域中，多数研究方法主要集中在如何基于现有传感器配置方案设计FDI诊断算法。

传感器配置优化的研究方法主要分为基于定量和定性两大类，如图3.4所示，其中定性的方法带有一定的启发性，采用有向图法建立系统模型分析传感器布置的数量和位置对系统的故障可诊断性的影响。基于知识推理的配置方法不需要准确的数学模型，相对更加简单，但该方法通常忽略了系统实际过程的物理信息。定量的方法主要是根据系统的解析模型，推导系统解析冗余关系（ARRs），并根据系统结构信息对系统监测性能的影响来进行传感器的选择和配置，该方法的困难之处在于需要建立精确的系统模型。

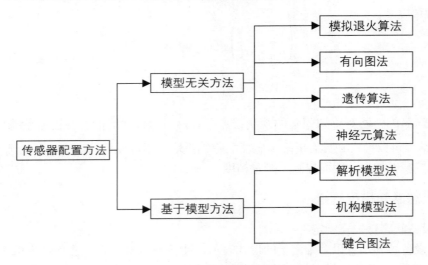

图 3.4 传感器配置方法分类

现代故障诊断方法多是基于对系统底层结构和行为的分析。从20世纪90年代开始，国外学者已将键合图应用于故障诊断领域，发展形成了一种方便、快速、适用范围广且诊断效果好的故障诊断方法，在理论和实践方面都达到了较高的水平，充分证明了基于键合图故障诊断的巨大优势和潜力。基于键合图理论的故障诊断方法中最关键的信息之一就是传感器信号。对于一个监控系统，传感器布置是否合理、传感器数量是否足够等问题对该系统的故障诊断特性有着非常大的影响。目前多数的故障诊断与隔离方法都是基于现有的传感器配置方案，对于如何通过优化传感器配置方案来提高诊断性能的研究较少。传感器配置主要研究内容为在满足系统性能优值（系统可观测性、故障可检测性、故障可隔离性和成本预算等）和系统各约束条件的前提下，确定传感器组合方案。键合图模型清晰地描述了系统中各部件之间的能量交换关系，并包含了大量的系统结构、行为和因果关系针对传感器配置优化的问题，根据分析过程使用的方法和知识的不同，研究方法主要可以分为基于知识的方法（定性）和基于解析模型的方法（定量）两类，其中，定性的方法包括基于神经元的方法、基于遗传算法的方法、基于模拟退火算法的方法和有向图法等。基于知识的传感器配置方法不需要建立系统准确的数学模型，只需要系统的经训练推导所得的先验知识和规则即可，相比于定量的方法更加简单，但其主要缺点是各方法主要通过特定的启发过程选择，忽略了系统实际过程的物理信息，并包含了模式识别等步骤。

键合图理论以其图形化的表示方法、结构化的建模思想和简洁清晰模型结构近年来逐渐受到研究人员重视。基于键合图模型的传感器配置方法本质上是一种定量分析方法。通过键合图模型结构和因果路径关系，可以消除信息传递之间的未知变量，建立的系统图模型同样也适用于系统传感器配置和优化。

3.3.1 键合图建模方法

键合图理论最早由佩恩特教授于20世纪60年代初提出，后经推广，逐渐成为一种描述多种能量范畴的系统动力学图示建模方法。键合图将各类系统所涉及的多种物理量，从功率流的角度出发，统一归纳为四种系统变量，即势、流、动量和变位，采用功率键、作用元、功率源、结点、变换器和旋转器等来表征系统基本物理特征和能量转换与守恒关系，描述了系统中功率流的构成、转换、相互间逻辑关系及物理特征。

3.3.2 冗余关系键合图模型

3.3.2.1 解析冗余关系

解析冗余关系简而言之就是系统模型的限制关系，而且组成解析冗余关系的变量需全部为已知过程变量，其中包含了系统输入、系统参数、传感器测量信号等。ARR通常为以下的形式：

$$f_1(K_1) = f_2(K_2) \tag{3.22}$$

其中，f_1和f_2为有关于K_1和K_2两个函数，并都由已知的系统过程变量构成。在本书所采用的基于键合图模型方法中，系统模型的已知变量通常为功率源（Se和Sf），可调功率源（MSe和MSf），传感器测量信号（De和Df），模型参数（θ）和控制器输出（μ），因此，键合图故障诊断模型中的ARR表达式通常为：

$$ARR: f(De, Df, Sf, MSe, MSf, \mu, \theta) \tag{3.23}$$

一般情况下，解析冗余关系是由系统模型中的守恒关系获得，例如伯努利方程、牛顿定律、基尔霍夫定律等。然而，解析冗余关系并不一定具有某种物理意义，即使在这种情况下，系统在正常运行过程中各变量始终要满足系统的解析冗余关系，因为解析冗余关系代表了系统中固有的限制条件。

3.3.2.2 基于键合图生成解析冗余关系

在系统建模过程中，根据模型的结构和仿真要求，键合图元件可以设置为积分因果关系和微分因果关系两种。在基于键合图模型的故障诊断中，系统元件应该尽可能地设置成微分因果关系。微分因果关系可以使得模型在计算过程中避免因初始值不明确而额外增加未知量，如果未知量增加，则模型不能建立足够的 ARR。从键合图建模的观点来看，ARR 可以写成如下的形式：

$$f\left(\begin{array}{l}(De, Df, Se, Sf, MSe, MSf, \theta_m)\\ \left(\dfrac{\mathrm{d}De}{\mathrm{d}t}, \dfrac{\mathrm{d}Df}{\mathrm{d}t}, \dfrac{\mathrm{d}Se}{\mathrm{d}t}, \dfrac{\mathrm{d}Sf}{\mathrm{d}t}, \dfrac{\mathrm{d}MSe}{\mathrm{d}t}, \dfrac{\mathrm{d}MSf}{\mathrm{d}t} \dfrac{\mathrm{d}\theta_m}{\mathrm{d}t}\right)\cdots\end{array}\right) = 0 \tag{3.24}$$

ARR 的生成算法其实相当于一种递归剔除方法，其具体方法如下：

（1）选一个节点。

（2）列写该节点的结构方程 Fs，形成该节点的 ARR。列写好该节点的结构方程后，通过键合图的因果路径关系尽可能地消除方程式中的未知变量。例如，方程式中已知变量的数量为 N_k，未知变量的数量为 N_v，则有：

$$N_k + N_v = N_{var} \tag{3.25}$$

其中，N_{var} 为总的变量的个数。生成 ARR 的方法就是降低 N_v 且增加 N_k，当最终 N_v 等于 0 时，便可得到系统的一个 ARR。消除未知变量的方法是根据键合图模型的因果关系进行推导，将未知变量用已知变量进行表示。

（3）对下一个节点采用第二步中的方法生成 ARR。

（4）如果提取的 ARR 与之前生成的 ARR 是线性无关的，则保留。若线性相关则去除，不予以考虑。

（5）重复上述步骤，直到键合图模型所有的节点都进行了上述分析，则获取了系统的相互独立的 ARRs。

3.3.2.3　故障特征矩阵

对 ARRs 进行分析需要对残差进行评估。在多数情况下，ARRs 的表达式中多含有传感器测量信号，因此，在对残差进行评估前一般需要使用合适的过滤器进行预处理。残差的获得是通过将参数值以及测量值代入 ARR 表达式所得的数值，即

$$r_i = Eval(\mathrm{ARR_s})$$

当某个残差的表达式中包含了系统部件的参数，就可认为该残差对某部件是可诊断的。当系统无故障时，每一个计算的残差都应该与系统一致，即残差的绝对值应该始终在一个比较小的阈值 ε_i 之内。假设系统有 m 个 ARR，则可得到用于故障诊断与隔离的二进制形式的向量 $C = [C_1, C_2, \cdots, C_m]$，其中，$C_i$ 由如（3.26）所示的判断依据获得：

$$C_i = \begin{cases} 1 & |r_i| \geq \varepsilon_i \\ 0 & \text{其他} \end{cases} \qquad i = 1, \cdots, m \tag{3.26}$$

当系统正常运行时，向量 C 应该为零。当系统发生故障时，向量 C 的一个或多个值变为非零值。在获得系统的 m 个 ARRs 后，可生成系统的故障特征矩阵（Fault Signature Matrix, FSM），用来判断故障候选集并隔离故障源。表3.4所示为一典型的故障特征矩阵，其中 $r_1, r_2, \cdots, r_m$ 为系统各残差，$\theta_1, \theta_2, \cdots, \theta_p$ 表示系统各设备对应的参数，D_b 和 I_b 分别表示设备故障诊断的可诊断性和故障可隔离性。矩阵中的每个元素定义如下：

$$S_{ij} = \begin{cases} 1 & \text{如果第} i \text{个残差可诊断第} j \text{个部件} \\ 0 & \text{其他} \end{cases} \tag{3.27}$$

表3.4　故障特征矩阵（FSM）

	r_1	...	r_m	D_b	I_b
θ_1	1或0	...	1	0	1
...	0	...	...	...	...
θ_p	1	...	0	1	0

3.3.2.4　实例

如图3.5所示为一个两容水箱系统图，系统有两个水箱T_1和T_2，两个阀V_1和V_2分别用来控制两水箱之间的通断以及水箱T_2的泄放，水泵以Q_p的流量给水箱T_1供水。

图3.5　两容水箱系统图

如图3.6所示为两容水箱系统键合图模型。

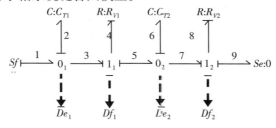

图3.6　两容水箱系统键合图模型

图3.6中的四个传感器De_1、De_2、Df_1和Df_2为本书的研究对象，因为是虚拟的传感器，因此采用虚线表示。在不考虑传感器与执行器的故障的情况下，问题简化为在上述四个传感器中选择数量最少的传感器组合，以实现水箱T_1和T_2，阀V_1和V_2的故障诊断与隔离。在系统键合图模型的基础上，选择与传感器相连接的节点推导ARR，得到系统的一组与线性无关的ARRs，并进行系统故障可诊断性分析，定义：

$$x_1 = \begin{cases} 1 & \text{第} i \text{个0节点连接有势传感器} \\ 0 & \text{其他} \end{cases}$$

$$x_1 = \begin{cases} 1 & \text{第} i \text{个1节点连接有势传感器} \\ 0 & \text{其他} \end{cases}$$

则根据0_1节点的约束方程有：

$$\begin{cases} f_1 - f_2 - f_3 = 0, e_1 = e_2 = e_3 \\ f_1 = Sf, f_{C_{r_1}} = f_2 = \Phi_{C_{r_1}}\left[s\{(1-x_1)e_2 + x_1 De_1\}\right] \\ e_2 = e_{C_{r_1}} = \dfrac{1}{s}(1-x_1)\Phi_{T1}^{-1}(f_2) + x_1 De_1 \end{cases} \quad (3.28)$$

式中：S 为拉普拉斯变换。对于 1_1、0_2 和 1_2 节点分别有

$$\begin{cases} e_3 - e_4 - e_5 = 0, f_3 = f_4 = f_5 \\ e_{R_{r_1}} = e_4 = \Phi_{R_{r_1}}\{(1-y_1)f_4 + y_1 Df_1\} \\ f_4 = f_{R_{r_1}} = (1-y_1)\Phi_{R_{r_1}}^{-1}(e_4) + y_1 Df_1 \end{cases} \quad (3.29)$$

$$\begin{cases} f_5 - f_6 - f_7 = 0, e_5 = e_6 = e_7 \\ f_{C_{r_2}} = f_6 = \Phi_{C_{r_2}}\left[s\{(1-x_2)e_6 + x_2 De_2\}\right] \\ e_6 = e_{C_{r_2}} = \dfrac{1}{s}(1-x_2)\Phi_{C_{r_2}}^{-1}(f_6) + x_2 De_2 \end{cases} \quad (3.30)$$

$$\begin{cases} e_7 - e_8 - e_9 = 0, f_7 = f_8 = f_9 \\ e_{R_{r_2}} = e_8 = \Phi_{R_{r_2}}\{(1-y_2)f_8 + y_2 Df_2\} \\ f_8 = f_{R_{r_2}} = (1-y_2)\Phi_{R_{r_2}}^{-1}(e_8) + y_2 Df_2 \end{cases} \quad (3.31)$$

根据各节点的约束方程，可以推导出系统的所有可能的 ARRs 为：

$$\begin{cases} Sf - \Phi_{C_{r_1}}\left[s\{(1-x_1)e_2 + x_1 De_1\}\right] - (1-y_1)\Phi_{R_{r_1}}^{-1}(e_4) - y_1 Df_1 = 0 \\ \dfrac{1}{s}(1-x_1)\Phi_{C_{r_1}}^{-1}(f_2) + x_1 De_1 - \Phi_{R_{r_1}}\{(1-y_1)f_4 + y_1 Df_1\} \\ -\dfrac{1}{s}(1-x_2)\Phi_{C_{r_2}}^{-1}(f_6) + x_2 De_2 = 0 \\ (1-y_1)\Phi_{R_{r_1}}^{-1}(e_4) + y_1 Df_1 - \Phi_{C_{r_2}}\left[s\{(1-x_2)e_6 + x_2 De_2\}\right] \\ -(1-y_2)\Phi_{R_{r_2}}^{-1}(e_8) - y_2 Df_2 \dfrac{1}{s}(1-x_2)\Phi_{C_{r_2}}^{-1}(f_6) + x_2 De_2 \\ -\Phi_{R_{r_2}}\{(1-y_2)f_8 + y_2 Df_2\} - Se = 0 \end{cases} \quad (3.32)$$

对于传感器布置方式，系统 ARRs 为：

$$\begin{cases} r_1 = Sf - \Phi_{C_{r_1}}(sDe_1) - Df_1 \\ r_2 = De_1 - \Phi_{R_{r_1}}(Df_1) - \dfrac{1}{s}\Phi_{C_{r_2}}^{-1}(Df_1 - Df_2) \\ r_3 = \Phi_{R_{r_2}}(Df_2) - \dfrac{1}{s}\Phi_{C_{r_2}}^{-1}(Df_1 - Df_2) - Se \end{cases} \quad (3.33)$$

其对应的特征故障矩阵如表 3.5 所示，M_b 和 I_b 分别表示部件的故障可检测性和故障可隔离性。从表中可以看出，四个部件均有残差与之对应，并且其组合都是线性无关的，因此采用该传感器配置方法可以实现各部件的故障诊断与隔离。

表 3.5 传感器布置系统特征故障矩阵

部件	r_1	r_2	r_3	M_b	I_b
C_{T1}	1	0	0	1	1
R_{V1}	0	1	0	1	1
C_{T2}	0	1	1	1	1
R_{V2}	0	0	1	1	1

对于$[x_1 \quad x_2 \quad y_1 \quad y_2]^t=[1 \quad 0 \quad 1 \quad 1]^t$的传感器布置方式，系统ARRs为：

$$\begin{cases} r_1 = Sf - \Phi_{C_{T1}}(sDe_1) - \Phi_{R_{V1}}^{-1}(De_1 - De_2) \\ r_2 = \Phi_{C_{T2}}^{-1}(sDe_2) + Df_2 - \Phi_{R_{V1}}^{-1}(De_1 - De_2) \\ r_3 = Se - De_2 - \Phi_{R_{V2}}(Df_2) \end{cases} \quad (3.34)$$

其对应的特征故障矩阵如表3.6所示，从表中可以看出系统中各部件的故障都是可检测和可隔离的。

表 3.6 传感器布置系统特征故障矩阵

部件	r_1	r_2	r_3	M_b	I_b
C_{T1}	1	0	0	1	1
R_{V1}	1	1	0	1	1
C_{T2}	0	1	0	1	1
R_{V2}	0	0	1	1	1

基于式系统ARRs表达式，通过对不同传感器配置方案的系统特征故障矩阵进行分析，由表3.7给出了各传感器的配置方案以及其部件的故障诊断特性。从表中可以看出，只有部分传感器的配置方案是满足要求的，从而可以得到系统的最优传感器配置方案。

表 3.7 各传感器布置方案系统诊断特性

传感器数量	组合方式	故障可检测	故障可隔离
3	1101	$C_{T1}R_{V1}C_{T2}R_{V2}$	$C_{T1}R_{V1}C_{T2}R_{V2}$
3	1011	$C_{T1}R_{V1}C_{T2}R_{V2}$	$C_{T1}R_{V1}C_{T2}R_{V2}$
3	1110	$C_{T1}R_{V1}C_{T2}R_{V2}$	$C_{T1}R_{V1}$
3	0111	$C_{T1}R_{V1}C_{T2}R_{V2}$	$C_{T2}R_{V2}$
2	0101	$C_{T1}R_{V1}C_{T2}R_{V2}$	$C_{T1}R_{V1}$
2	1010	$C_{T1}R_{V1}C_{T2}R_{V2}$	$C_{T1}R_{V1}$
2	1100	$C_{T1}R_{V1}$	$C_{T1}R_{V1}$
2	1001	$C_{T1}R_{V1}R_{V2}$	R_{V2}

第4章　船舶机械智能运维方法

4.1　船舶机械设备健康状态评估

4.1.1　设备健康状态评估的特点

设备健康状态评估是指从多个传感器测量信号中提取健康特征并进行数据融合处理，以对设备的健康状态进行评判。其主要目的是确定设备潜在性的故障发生时刻，查明初期异常，评定设备或者系统的健康状况。船舶机械设备的健康状态评估是维修决策和剩余寿命预测的基础，其需要攻克的难点主要有两点：一是要有一套系统化的评估体系，针对船舶机舱不同种类的设备都能进行评估；二是采用多种不同的健康状态评估方法，即不同的方法适用于不同类型的系统、设备和组件。

设备健康状态是指在规定的条件下和规定的时间内，设备能够保持一定可靠性和维修性水平并能稳定、持续地完成预定功能的能力。船舶机械的健康状态评估是保证船舶机械系统正常运行的一项重要功能。一般的，健康状态评估具有如下特点：

1.多层次评估。船舶系统设备的层次结构可分为系统层、子系统层、设备层和组件层。下一层的健康状态将直接影响上一层的健康结果，因此，在进行系统设备健康状态评估时，要从被评估对象出发，从下到上依次进行健康状态评估。

2.多维度评估。系统设备的健康评估不仅仅是技术状态的评估，而要综合考虑设备的使用年限、工作环境、工作频率和维修历史等因素。而且技术状态本身也是由多个状态特征参数融合处理后所得出的。因此，在进行状态评估时，要综合考虑状态特征参数及其影响因素。

3.动态性评估。系统设备的健康评估是一个持续的过程。设备在服役的过程中会产生自然的性能退化及老化现象。因此在健康状态评估时要充分考虑设备老化现象对评估结构造成的影响。除此之外，还应将设备是否刚进行过维护和修理也考虑其中。

4.1.2 设备健康状态评估的影响因素

设备健康状态评估的影响因素主要包括不可控因素和可控因素两大类。不可控因素主要包括环境条件因素和设备自身因素。其中，环境条件因素主要包括：海面风力、海浪强度、海水温度以及机舱温度等；设备自身因素主要包括：设备设计缺陷、设备性能缺陷和设备自身老化等。可控因素主要是指人为因素，主要包括使用方式、管理模式和维保模式等，如图4.1所示。

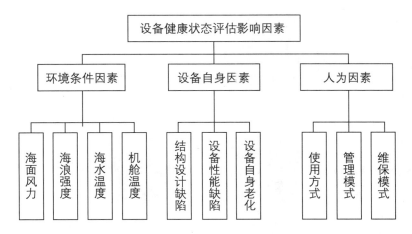

图4.1　设备健康状态评估影响因素

4.1.3　设备健康状态等级划分

随着船舶机械系统发展的智能化和自动化，采用正常和故障两种状态来描述设备的技术状态已经远远不能满足实际需求。故从健康管理角度将设备健康状态分为4个等级：优、良、中和差。它采用定量的方式将健康值定义为0~100分，四个等级代表的意义如下：

（1）健康值为90~100分时，代表系统设备的状态为优，表明系统设备运行良好；

（2）健康值为80~90分时，代表系统设备的状态为良，表明系统设备运行较好；

（3）健康值为70~80分时，代表系统设备的状态为中，轮机人员需注意观察设备的运行情况，及时安排设备的维护保养工作；

（4）健康值为70分以下时，代表系统设备的状态为差，系统设备不能够发挥其功能，这时系统设备必须停止进行相关维修保养工作。

4.1.4　基于单参数的设备健康状态评估

4.1.4.1　单参数评估法概述

单参数评估法也称为阈值法，是一种基于常规参数的设备状态评估方法，以设备的一个或多个常规的运行参数（例如压力、温度、电压等）作为基准，对设备的运行健康状态进行评估。此方法应用起来较为简单，但是无法满足复杂设备或系统的评估要求。

4.1.4.2　单参数评估法的适用范围

在船舶设备系统中，对于一些简单的设备如泵、滤器、阀件、换热器等设备可以应用单参数评估法单参数评估；另外一些对于船舶安全性影响较小、评估精度要求不高的设备也可以采用此方法。

4.1.4.3　健康状态评估的步骤

单参数评估法评估流程如图4.2所示：

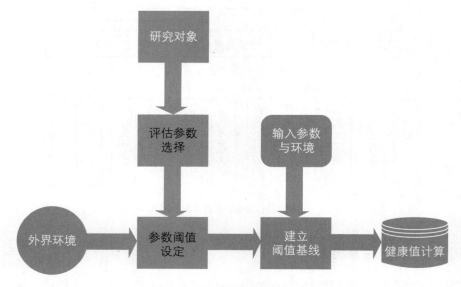

图4.2　单参数评估法评估流程

4.1.4.3.1　评估参数选取

选取一个能够表征某节点健康状态的参数。

4.1.4.3.2　确定基线值和极限值

1.基线值确定法

船舶动力装置的系统设备的基线值是指在某一给定条件下，完成规定功能时，某一参数达到的最佳值，一般通过反映系统设备主要性能的功能参数或状态参数表示。选定的状态参数与船舶的操作状态、设备的运行工况、环境条件、海浪情况等有关。

船舶动力装置的系统设备的基线值应根据其运行条件的改变而进行相应的调整。由于不同的设备运行特性不同，所受环境或其他条件的影响程度不同，其调整的措施、幅度、限值也不同，具体调整方法应该根据系统设备的具体情况而定。调整分为两种情况：

（1）定期进行调整，此方法适用于系统设备的工作性能随运行时间发生的具有规律性变化的情况；

（2）系统设备的工作性能随工作环境、工作模式或船舶运行环境的变化而变化的情况。

船舶系统设备的基线值包括标定基线值、试航基线值和运行基线值。

①标定基线值

在船舶系统设备设计选型过程中，根据船舶设计的规范、规定和相关标准，通过对船舶动力装置各系统及其设备在各自系统中的特性及需要，分别进行理论和实验计算，得出船舶动力装置系统及其设备在规定条件下，完成规定功能时的理论输出值，这个值称为设计值。设计值是根据系统设备运行机理得出的理论计算值，虽然在计算系统设备的设计值时已经充分考虑了系统设备在装船后，及船舶投入营运后各种可能的环境变化及其影响，并留有一定的裕度，但对于具体的某一特定船舶来说，此设计值需要重新标定。

设备生产厂商在产品出厂时，需要进行性能实验，测取产品的工作参数，作为产品的基线值，其测取方法是：将合格的产品作为理想系统设备，在自己设定的试验台反复进行试验，不断测试，最后对所有测得的结果通过数据处理方法获得产品的基线值。由于不同的厂家的试车台设计各不相同，其基线模型也不相同，会导致试验结果出现偏差，另外在数据处理环节，方法的选择也有出入。产品的运行参数值一般称为产品的设计标定基线值。船舶系统设备运行参数的设计值称为设计基线值，但一般在船舶实际运行后，都会发生不同程度的改变。

②试航基线值

船舶系统设备在装船后，交付给用户使用前，一般都进行试航试验，一般的时间为一周左右，在试航过程中，对船舶动力装置的系统及其设备逐个按照制定的试航试验大纲，进行功能、性能等方面的试验，并测取工作参数。实船投入运行时，基线建立方法认为此时船舶系统设备为最佳状态，通过试航实验可以获取部分数据，这部分数据通常考虑了系统的整体特性，通过试航数据对设计值进行修正，可得出相对符合实际的船舶系统设备的基线值，这一基线值是最接近系统设备最佳运行状态的值，可认为是系统设备的最佳运行值，一般作为船舶系统设备的试航基线值。

③运行基线值

船舶系统设备在船舶投入营运后，船舶老化、设备老化、运行工况和外界环境的变化会导致其运行基线值发生变化，这些变化包括两种情况：一种为随设备的使用年限及老化的变化；另一种为随着运行工况和外界环境条件的周期性变化。因此，船舶系统设备的基线值应该根据其变化规律进行动态调整，以适应系统设备的变化。船舶系统设备的基线值自适应调整方法有多种，并具有各自的优缺点，由于船舶系统设备的运行特性不同，其适用的调整方法也不同。

当船舶投入运行时，在不同的模式下会积累大量的历史数据，本书通过对这些历史数据进行数学分析，包括分布分析、期望方差分析等，可确定数据分布区间。

④船舶系统设备基线值确定逻辑

根据船舶系统设备的标定或设计参数标准输入输出值，输入船舶动力装置所有系统设备的出厂或运行参数数值，通过系统的离线调试形成离线条件下的系统设备的标定基线值。

在择定目标船后，对于新造船舶，在船舶试航期间，按照船舶上系统设备的实际运行情况，根据各自参数值，修改船舶系统设备的标定基线值，并形成船舶动力装置系统设备试航基线值，在船舶试航期间，循环调整和完善各自的试航基线值；如果船舶未进行试航，在初始化期间，用船舶试航数据修改系统设备各自的标定基线值，使系统在船上试运行期间，循环调整系统设备的基线值，并形成船舶试航基线值。

在船舶投入运营之后，系统根据船舶动力装置系统设备基线值的动态变化条件，分别调用各自的基线值自适应调整模块，以定时或条件触发等形式，分别对船舶动力装置系统设备的试航基线值进行在线调整，并生成SPID系统的运行基线值，支持系统的正常运行，其系统设备的基线值具有自适应功能。

船舶动力装置系统设备基线值的逻辑流程图如图4.3所示。

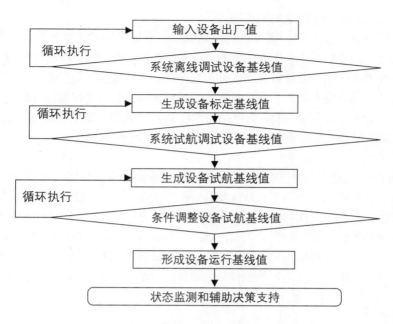

图4.3 船舶动力装置系统设备基线值的逻辑流程图

2.极限值确定法

①经验（专家）阈值

经验阈值是根据理论和出厂设置，确定系统设备的基本阈值，再结合实船上设备的使用情况和一定的人为经验确定参数的阈值，这种阈值在很大程度上取决于制定阈值人的经验。此方法虽然实施起来简单，但存在主观因素大的缺点，还难以实现自适应阈值的设定。

②测试阈值

测试阈值是基于试验方法、实船测试数据的阈值确定方法。通过在实验室搭建试验台，或者借助台架试验、船舶试航试验等试验手段确定的船舶系统设备工作参数的阈值，能够较好地结合实船工况特点。阈值的选取较为准确，但是投资较高。实船测试数据根据目标船的测试数据进行阈值的设定，此方法适用性强，但多数设备系统的阈值测试需要船舶长时间运行才能获得。

③计算阈值

计算阈值是通过对参数进行分析，选择数学计算的方法确定阈值。适用长期运行的设备，设备参数分布符合正态分布。

4.1.4.3.3 健康值的确定

在单参数评估方法中，在确定了设备的参数的基准值和极限值之后，可以根据不同设备、在不同条件下、发挥不同功能的实际情况，确定从基准值到极限值的变化规律，并标定出设备的健康值。根据其变化的不同，最常见的为线性变化和非线性变化两类。

1.线性变化

首先设评估参数为 x，健康值为 y，基线值为 $Dopt$，极大值和极小值分别为 $De \max$ 和 $De \min$。线性变化表示需要两组实数对（参数值，健康分值），一般为（$Dopt$，100）和（$De \max$，60）/（$De \min$，60）。

设函数曲线为一次函数 $y = kx + b$，将上述两点代入方程求解出 k 和 b 的值，即可得到健康值随采集实时参数变化的数学表达式，即可得到节点的健康值。

2.非线性变化

首先设评估参数为 x，健康值为 y，基线值为 $Dopt$，极大值和极小值分别为 $De\max$ 和 $De\min$。非线性变化暂最小二乘拟合的方法，由于非线性曲线存在凹凸不同形状，所以最少需要三组实数对（参数值，健康分值）来获得变化曲线。一般为（$Dopt$，100）（$De\max$，60）/（$De\min$，60）和中间一组能给出依据的点。

最小二乘法一般采用 $y = a_0 + a_1x + a_2x^2$ 的数学表达式，将上述三点带入方程求解出系数 a_0、a_1 和 a_2 的数值，即可得到健康值随采集实时参数变化的数学表达式。

4.1.4.4 健康状态评估的实例分析

如图4.4所示，海水系统一般包括：海水管路、海水滤器、海底阀箱、中央冷却器、海水泵以及其他一些阀件。其中在海水系统中容易出现的故障包括海水滤器堵塞、中央冷却器脏污、海水泵故障、海水管路的泄漏等。

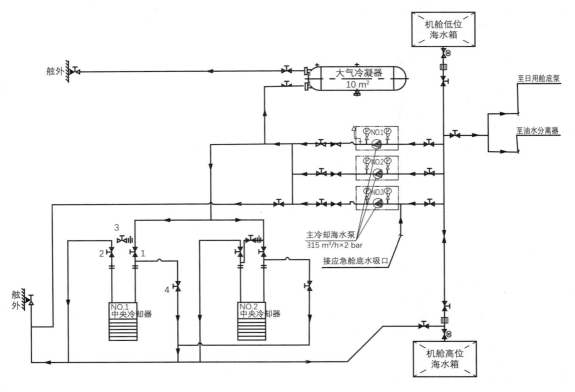

图4.4 "育鲲"轮海水系统图

在船舶柴油机冷却系统中，海水系统设计目的：通过中央冷却器、海水泵等设备为低温淡水系统提供足够的冷却量，保证低温淡水在适合的温度下运行，满足船舶某些设备的换热需求。一旦海水系统中某些部件状态发生变化，将会导致海水流量降低，最终将会导致船舶设备过热而产生故障。所以对于海水系统本书主要考虑海水系统的流量作为设备阈值选取依据。由于柴油机的负荷变化、船舶吃水和环境温度（海水温度）等对于换热有较大的影响，本书将在动态阈值调整原则里进行叙述。

基于"阈值法"海水泵状态评估应用实例：

（1）评估参数选取

评估参数的选取相对比较简单，要求所选的参数能够代表设备的状态，通过专家的经验来完成选取。

根据专家的经验可得，海水泵状态可以选取海水泵的出口压力来作为评估参数。

（2）基线值与极限值的确定

海水泵状态变化过程介绍：如图4.5所示，当海水泵处于最佳状态时，泵的工作曲线为1和管路的工作曲线为4，系统和海水泵的工作点为$A(Qa，Ha)$；当泵的工作特性退化之后工作点变为$B(Qb，Hb)$；当泵的性能退化到一定程度或故障时，工作点变为$C(Qc，Hc)$时，泵将无法满足海水系统换热的要求。综上所述我们可以选取A点对应泵的排压P_a作为阈值法的基线值，C点对应的排压P_c作为阈值法的极限值，从而可以采用阈值法对泵的工作状态进行评估。

曲线1——海水泵正常工作时特性曲线；曲线2——海水泵性能变差时特性曲线（过渡期）；曲线3——海水泵故障（达到阈值下限）时特性曲线；曲线4——清洁状态下管路特性曲线；A、B、C代表系统工作点。

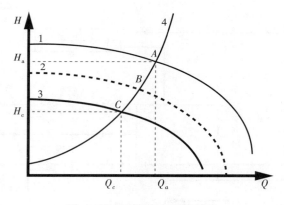

图4.5　海水系统泵——管路特性

①基线值的确定

设备的基线值代表设备运行的最佳状态所对应的参数值，可以通过设备出厂值（铭牌）、试航值（试航报告）以及实际运行值进行设定。

表4.1所示为"育鲲"轮海水泵基线值设定表。

表4.1　"育鲲"轮海水泵基线值设定表

海水泵	出厂值	试航值	实际运行值
排压（bar）	2.5	2.0	2.0

②极限值的确定

如图4.5所示，海水泵的极限值为海水泵运行在C点时所对应的排压值P_c。

根据下述步骤可求出P_c值。

a.根据说明书的离心泵特性曲线（方程）确定$A（Q_a，H_a）$点；

b.根据$A（Q_a，H_a）$点确定管路阻力特性参数R；

c.确定极限值C点所对应的流量Q_c；

d.最终确定极限值p_c。

离心泵扬程计算公式：

$$H = P_出 - P_过 \qquad (4.1)$$

离心泵拟合流量—扬程公式：

$$H = a - bQ^{2-m} \qquad (4.2)$$

管路特性阻力计算公式：

$$H = RQ^3 \qquad (4.3)$$

换热器传热公式：

$$Q_热 = ca(T_1 - T_2 = cq\Delta t) \qquad (4.4)$$

Q_c的确定：

在海水系统负荷一定的情况下，$Q_热$一定，海水比热c一定，则有

$$q_1\Delta t_1 = q2\Delta t_2 \qquad (4.5)$$

为了满足系统换热量的要求，并且获得最小的系统流量需求，即所对应极限值点Q_c。根据式（4.5），如果能够获取最大的值就对应的最小的流量。

Δt为中央冷却器进出口温差，一般进口温度根据航行海域可确定，而出口温度一般限制在50℃（超过此温度中央冷却器内海水易析盐结垢）。这样我们就可以确定Q_c的值，然后根据公式3求出Pc值。

（3）健康值的计算

健康值的计算是对阈值的一种标准化形式，可以采用线性和非线性两种方法对阈值进行分度，如图4.6和图4.7及表4.2所示。具体分度原则需根据实际情况而定。

一般情况下健康值分布在70~100分，而设备的状态参数在a、b之间，a为阈值法的极限值，b为阈值法的基线值。因此通常设定a=70分；b=100分。

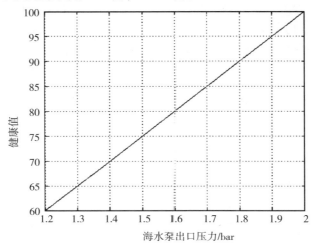

图4.6　线性法分度计算健康值

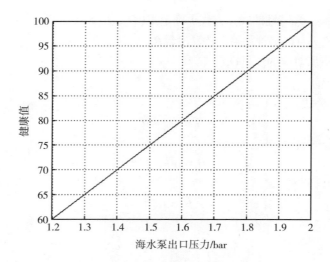

图4.7 非线性法分度计算健康值

表4.2 状态参数值与健康值对应关系

海水泵出口压力/bar	1.2	1.3	1.4	1.5	1.6	1.7	1.8	1.9	2.0
健康值	60	65	70	75	80	85	90	95	100

4.1.5 基于雷达图法的设备健康状态评估

4.1.5.1 雷达图法概述

雷达图法是综合评价中常用的一种方法，尤其适用于对多属性体系结构描述的对象做出全局性、整体性评价。在制定产业技术路线图的过程中，它成为判断产业发展趋势、确定产业范围边界的方法工具。雷达图方法是基于一种形似导航雷达显示屏上的图形而构建的一种多变量对比分析技术，由若干个同心圆组成；同心圆向外引若干条射线，它们之间等距，每一个圆代表一定的分值，由圆心向外分值增加，每条射线末端放一个被研究的指标。雷达图的基本形式如图4.8所示。

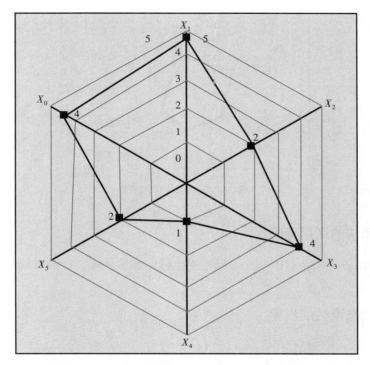

图4.8　雷达图基本形式

　　雷达图用于同时对多个指标进行对比分析以及对同一个指标在不同时期的变化进行分析。雷达图法分为典型的图形分析方法和雷达图综合评价方法。前者主要通过先绘制各评价对象的雷达图，将其用于综合评价，由评价者对照各类典型的雷达图，通过观察给出定性评价结果。其优点是直观、形象、易于操作；缺点是当参加评价的对象较多时，很难给出综合评价的排序结果。近年来专家们对雷达图直观综合评价方法数量化，构建了一种图形和数量相结合的评价方法。

　　雷达图法用于综合评价，即将评价对（2，…，x_n）表示。其中基础指标x_i是均值为0、方差为象系统的评价指标状况用二维平面图形表示，其方法是设评价对象有n个基础指标，经过标准化处理后的基础指标用向量$X = (x_1, x_1)$的随机数。为了能将评价对象各基础指标用有限的二维图形表示，对基础指标x_i做如下非线性变换：

$$y_1 = (2/\mathrm{II})ty - 1(x_i + 1) \tag{4.6}$$

该变换具有如下特点：

①将无限区间（$-\infty$，$+\infty$）变换至有限区间[0，2]；

②将x_i的均值0变换为y_i的均值1；

③因$ty - 1$函数（t为变量因素）的几何特性，使得在均值附近变换具有较好的线性，而偏离均值越远，变换的压缩性越强。

　　如图4.9所示为雷达图法状态示意图。

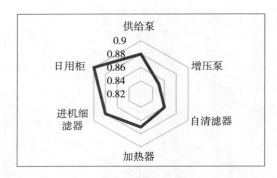

图4.9　雷达图法状态示意图

4.1.5.2　雷达图法的适用范围

多元参数的设备、系统。例如：主机、发电机、燃油系统、滑油系统、冷却水系统、进排气系统。

4.1.5.3　健康状态评估的步骤

（1）多元参数关联分析

关联分析是一种简单、实用的分析技术，就是发现存在于大量数据集中的关联性或相关性，从而描述了一个事物中某些属性同时出现的规律和模式。

（2）组成成分降维

组成分析是设法将原来众多具有一定相关性（比如 P 个指标），重新组合成一组新的互相无关的综合指标来代替原来的指标。通常数学上的处理就是将原来 P 个指标做线性组合，作为新的综合指标。

实船系统设备参数很多具有相关性，在评估的时候可进行降维操作，减少计算量。

（3）确定雷达图法的基础性指标，并进行标准化处理

将降维后的数据构建成标准向量，并对其进行标准化处理。

（4）数据变换

主要包括非线性变换和对称变换。

（5）系统阈值[A，B，C]

阈值配备给最佳系统运行状态，各个系统设备以参数值为基准。

阈值说明：

阈值 A：满足系统设备功能的最小值；

阈值 B：系统设备最佳运行状态对应的参数值；

阈值 C：满足系统设备功能的最大值。

（6）面积估算，给出评估值

4.1.5.4　健康状态评估的实例分析

船舶燃油系统包含多个参数，满足雷达法评估要求。具体评估步骤如下：

（1）燃油系统参数关联分析

图4.10为燃油系统参数关联分析图。

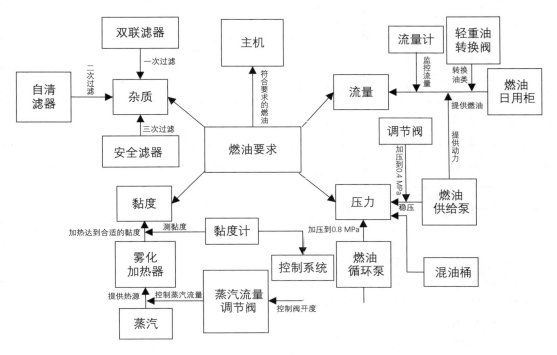

图4.10　燃油系统参数关联分析图

（2）燃油系统参数确定

经过成分分析法确定的燃油系统参数如表4.3所示。

表4.3　燃油系统参数表

系统	设备	配置的全部参数	参数类型	阈值		
				A	B	C
燃油供给系统				A	B	C
	燃油供给泵					
		出口压力	P	0.3 MPa	0.4 MPa	0.6 MPa
	燃油循环泵					
		出口压力	P	0.6 MPa	0.8 MPa	1.0 MPa
	自清滤器					
		进出口压差	PD	0.07 MPa	0.05 MPa	0.02 MPa
	自清滤器旁通滤器					
		进出口压差	PD	0.7MPa	0.5MPa	0.2MPa
	流量计					

续表

系统	设备	配置的全部参数	参数类型	阈值		
		进出口压差	PD			
	混油桶					
		液位	L	60%	70%	80%
		压缩空气压力	P			
	加热器					
		燃油出口温度	T	110 ℃	125 ℃	150 ℃
	燃油进机滤器					
		进出口压差	PD	0.03 MPa	0.02 MPa	0.01 MPa
	燃油日用柜					
		液位	L	70%	80%	90%

（3）雷达法参数标准化

基础指标 $X = (x_1, \ x_2, \ \cdots, \ x_n)$ 表示。

对燃油系统有：

① X_1 =燃油供给泵出口压力；

② X_2 =燃油循环泵出口压力；

③ X_3 =自清滤器进出口压差；

④ X_4 =加热器出口温度；

⑤ X_5 =燃油进机滤器进出口压差；

⑥ X_6 =燃油日用柜液位。

根据 ABC 阈值，进行数据归一化处理

①数据类型 $[D_{min}, \ D_{opt}, \ D_{max}]$；

②数据归一化处理。

$$x < D_{opt}, x = \frac{x - D_{min}}{D_{opt} - D_{min}} \tag{4.7}$$

$$x > D_{opt}, x = 1 - \frac{x - D_{opt}}{D_{max} - D_{opt}} \tag{4.8}$$

（4）健康值评估

同心圆向外引六条射线，它们之间等距，每一个圆代表一定的分值，由圆心向外分值增加，圆心为60分，每条射线末端放一个被研究的指标，最外圆为半径为1的圆。

新围成的雷达面积：

$$S = \frac{1}{2} \times \sin\left(\frac{360}{n}\right) \times (x_1 x_2 \times x_3 + \cdots + x_n \times x_{31}) \tag{4.9}$$

健康值：

$$HV_M = \frac{s}{n} = \frac{(x_1 \times x_2 + x_2 \times x_3 + \cdots + x_6 \times x_1)}{6} \times 100 \tag{4.10}$$

如果 $x > D_{max}$ 或 $x < D_{min}$ 系统评估值为0分。

如图4.11所示为雷达图法健康值评估图。

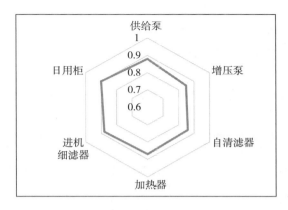

图4.11 雷达图法健康值评估图

4.1.6　基于云重心评判法的设备健康状态评估

4.1.6.1　云重心评判法概述

系统或设备具有的多参数、多设备特点使其健康状态往往具有复杂性，且健康状态评估的理论研究还不够成熟，目前还无法建立评估对象实际健康状态情况与评估结果之间一一对应的准确关系，因此根据现有的健康状态评估方法得到的评估结果在反映船舶系统的实际健康状态情况上都具有一定的模糊性和随机性。考虑到此种情况，可以使用能够较好处理模糊性和随机性问题的云重心评判法进行船舶系统的健康状态评估。

云重心评判法由云理论中的云模型发展而来。云理论是由中国科学院院士李德毅提出的，该理论充分汲取了概率统计学与模糊数学的优点，将二者有机结合，抛弃了常规隶属度函数的概念，能够反映出复杂事物具有的随机性与模糊性的内在联系。云模型是在云理论基础上发展起来的一种用于分析、决策、评估的新数学方法。本质上，云模型是使用语言进行描述的定性概念和使用数量进行描述的定量表示二者之间在考虑不确定性前提下通过构造特定算子形成的转换模型。云模型能够把多设备、多参数船舶系统的模糊性和随机性统一起来，构成定性语言和定量数值之间的相互映射，为定性与定量相结合的健康状态评估提供了一种有效的数学方法。

4.1.6.2　云重心评判法的适用范围

云重心评判法是根据云模型理论，结合数据挖掘和知识表示提出的一种新方法。目前，此方法多应用于军事决策、复杂装备综合评价、图像分割、不确定性知识表示等领域中，具有广泛的适用性。

4.1.6.3　云重心评判法的建模过程

4.1.6.3.1　云模型

设U是元素x的取值范围，即$x(x \in U)$，C是与U相关联的定性概念，则x对C的隶属度$\mu(x) \in [0, 1]$是具有一定规律的模糊数值：

$$\mu: U \to [0, 1] \quad x \to \mu(x) \tag{4.11}$$

x在U上的分布称为隶属云，简称云，记为$C(x)$，x和其对于C的隶属度$\mu(x)$的组合$(x, \mu(x))$被称为云滴。

如图4.12所示，云模型可用期望Ex、熵En和超熵He等3个数字特征进行表示。

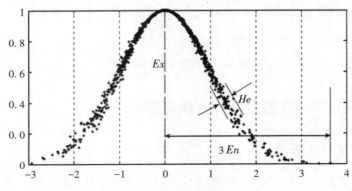

图4.12　云模型及其数字特征示意图

期望Ex：表示云滴在U上分布最为集中时元素x的值，对定性概念C的代表性最大，越接近Ex，云滴的分布就越集中；

熵En：是定性概念随机性和亦此亦彼性的度量，反映了U中可被定性概念所接受的离散程度，即模糊度，由概念的随机性和模糊性共同决定，En越大，表示定性概念C可接受的元素x的取值范围越大；

超熵He：熵En的不确定性的度量，反映了元素x的取值的随机性和对定性概念C隶属的集中度，由熵的随机性和模糊性共同决定。

在云模型中，正态云模型利用正态分布和正态隶属函数的普适性，增大了云模型应用上的广泛性。

云发生器（Forward Cloud Generator，FCG）包括正向云发生器和逆向云发生器。其中，正向云发生器可以将某个定性概念根据其云模型数字特征生成随机值从而进行定量表示，如图4.13所示。

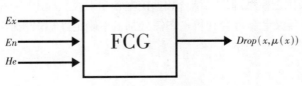

图4.13　正向云发生器

根据正态云模型的3个数字特征及数学期望关系式，正向云发生器产生N个云滴的其具体步骤如下：

输入：(Ex, En, He, N)

输出：$\left[(Drop)(x_1, \mu(x_1)), Drop(x_2, \mu(x_2)), \cdots, Drop(x_N, \mu(x_N)) \right]$

正态云模型的数学期望关系式：

$$z = exp\left[-(x - Ex)^2 / (2En^2) \right] \tag{4.12}$$

（1）生成符合期望为En、标准差为He的正态分布的正态随机数En'；

（2）生成符合期望为Ex、标准差为$|[En']|$的正态分布的正态随机数x；

（3）根据式（4.11）与式（4.12），计算$\mu\left(x = exp\left[-(x - Ex)^2 / 2(En')^2 \right] \right)$；

（4）生成云滴$(x, \mu(x))$；

（5）重复以上步骤，直至云滴数目为N。

如设定$Ex = 0$，$En = 1$，$He = 0.1$，$N = 30\,000$，则生成的正态云模型图如图4.14所示。

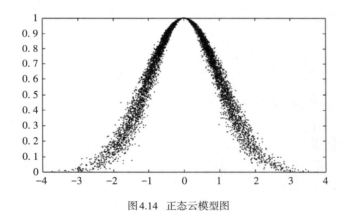

图4.14 正态云模型图

逆向云发生器（Backward Cloud Generator，BCG）可从定量数值中提取云模型的数字特征并将其转换为定性概念，如图4.15所示。

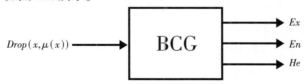

图4.15 逆向云发生器

具体步骤如下：

输入：$(Drop)(x_1, \mu(x_1)), Drop(x_2, \mu(x_2)), \cdots, Drop(x_N, \mu(x_N))$

输出：$(Ex, En, He,)$

（1）均值$\bar{x} = \frac{1}{N}\sum_{i=1}^{N} x_i$，方差$S^2 = \frac{1}{N-1}\sum_{i=1}^{N}(x_i - \bar{x})^2$；

（2）$Ex = \bar{x}$；

（3）$En = \sqrt{\dfrac{\pi}{2}} \times \dfrac{1}{N} \sum_{i=1}^{N} \left| (x_i - \bar{x}) \right|$；

（4）$He = \sqrt{S^2 - En^2}$。

4.1.6.3.2　云重心评判法

定义评估对象的"重心值"的数学表达式为：

$$T = a \times b \tag{4.13}$$

式中，a 是云重心评判法中云重心的位置，即云模型 3 个数字特征量之中的期望；b 为云重心评判法中云重心的高度，即云重心对应的权重。

云重心评判法的基本思路为：根据云理论，确定各个语言标尺对应的云模型，然后根据监测参数计算得到当前系统设备的云模型参数，并将其与各个语言标尺对应的云模型进行比较，确定评估对象当前的健康状态对应的评语值，从而达到健康状态评估的目的。

传统云重心评判法确定评估对象健康状态的具体步骤如下。

（1）提取云模型数字特征

根据评估指标体系，提取 m 组数据样本内各指标对应云模型的数字特征：

$$Ex = \dfrac{(x_1 + x_2 + \cdots + x_m)}{m} \tag{4.14}$$

$$En = \dfrac{\max(x_1, x_2, \cdots, x_m) - \min(x_1, x_2, \cdots, x_m)}{6} \tag{4.15}$$

式中，Ex、En 分别为云模型的期望与熵。

（2）计算综合云重心偏离度

使用一个由各评估指标云模型构成的多维综合云模型表征评估对象的健康状态，当评估对象的健康状态改变时，多维综合云模型的重心即综合云重心向量也会发生相应变化。若评估指标的个数为 n，则其对应的综合云重心向量 G 可表示为：

$$G = (G_1, G_2, \cdots, G_n) \tag{4.16}$$

式中，$G_i = a_i \times b_i$，$b_i = w_i (i = 1, 2, \cdots, n_i)$。$a_i$ 为云重心位置向量；b_i 为云重心高度向量；w_i 为指标权重值。

令满足规定条件和要求下评估对象的状态为理想状态，获取该状态下的数据，并进行计算得到理想状态下 n 维综合云重心的位置向量 $a_0 = (x_{1\_0}, x_{2\_0}, \cdots, x_{n\_0})$，高度向量 $b_0 = (b_{1\_0}, b_{2\_0}, \cdots, b_{n\_0})$，则系统在理想状态下的综合云重心向量为 $G_0 = a_0 \times b_0$，"x"表示进行内积运算。

若评估对象的健康状态改变，即实际状态偏离理想状态，则称对应的多维综合云重心的变化为综合云重心偏离度并表示为：

$$G' = (g_1', g_2', \cdots, g_n') \tag{4.17}$$

（3）确定评估指标权重

不同的指标参数对系统设备的健康状态影响程度不同，因此需要选择合适的方法确定各个指标的权重值，得到权重值向量 $w = [w_1, w_2, \cdots, w_n]$。

（4）计算综合加权偏离度

以理想状态下的云重心向量为基准，计算得到各指标云重心偏离度 g_1'：

$$g_1' = \begin{cases} (G_i - G_{i\_0})/G_{i\_0}, G_i < G_{i\_0} & i = 1, 2, \cdots, n \\ (G_i - G_{i\_0})/G_i, G_i \geqslant G_{i\_0} & i = 1, 2, \cdots, n \end{cases} \tag{4.18}$$

然后按下式计算得到综合加权偏离度 σ（ $0 < \sigma < 1$ ）为：

$$\sigma = \sum_{i=1}^{n} |g_1'| w_i \tag{4.19}$$

（5）确定评语值

将系统设备健康状态划分为若干个健康等级，并组成对应的评语集。计算得到的加权偏离度 σ 越小，说明评估对象的实际状态与理想状态越接近。使用云模型表示每个评语，得到评测云发生器，将加权偏离度 σ 输入到评测云发生器中，根据激活的云模型确定当前系统设备健康状态的评语值。

4.1.6.4　健康状态评估的实例分析

以主机供油单元为例，进行基于云重心评判法的健康状态评估实例分析。

选取粗滤器出口压力P1、燃油供给泵出口压力P2、燃油自清滤器出口压力P3、雾化加热器后燃油黏度P4、燃油循环泵出口压力P5为健康状态评估指标。评估指标监测值如表4.4所示：

表4.4　评后指标监测值

	P1（bar）	P2（bar）	P3（bar）	P4（cSt）	P5（bar）
1	1.9	4.5	4.04	10.2	9.0
2	1.9	4.6	4.11	9.6	9.0
3	1.9	4.7	4.23	10.9	9.0
4	1.85	4.6	4.14	9.8	9.2
5	1.85	4.6	4.13	10.9	8.7

则可计算得到该段时间内主机供油单元云模型期望和熵：

$$\begin{cases} Ex = [1.88, 4.6, 4.13, 10.3, 9.0] \\ En = [0.008, 0.033, 0.032, 0.217, 0.083] \end{cases}$$

使用模糊集值统计法确定各指标的权重值为 $w = [0.10, 0.15, 0.26, 0.25, 0.24]$。

令理想状态下，主机供油单元的云重心位置向量 a_0 为[2.5, 5, 4.5, 12, 10]，则主机供油单元在理想状态下的综合云重心向量为：

$$G_0 = a_0 \times b_0 = a_0 \times w = [0.25, 0.75, 1.17, 3, 2.4]$$

监测数据对应的主机供油单元的综合云重心向量为：

$$G = a \times b_0 = Ex \times w = [0.183, 0.69, 1.074, 2.575, 2.16]$$

进一步，由式（4.30）和式（4.31）可计算得到综合加权云重心偏离度 $\sigma = 0.12$。

将主机供油单元的健康状态划分为5个等级，分别为差、中、良、好、优，则由此5个健康等级组成的评语集为（差，中，良，好，优），评语集对应的期望值向量为 [0.6, 0.7, 0.8, 0.9, 1]，则综合加权云重心偏离度 $\sigma = 0.12$ 时，会激活期望值为0.9的云模型，因此此时主机供油单元的健康状态为"好"。

4.2　船舶机械设备故障诊断

4.2.1　船舶机械设备故障诊断概述

　　船舶机械设备故障诊断是指利用各种技术手段对船舶上的动力装置和其他机械设备进行实时监测，发现并预测可能发生的故障，以确保船舶的安全航行。其主要目的确保船舶和船员的安全，防止故障导致的事故，同时通过早期发现问题，提高设备运行的可靠性，及时通过预防性维护，延长设备使用寿命。采用故障诊断技术，可在船舶机械设备运行的过程中对各机械装置的运行状态进行实时监测，通过对技术参数的比对，能够及时掌握机械设备的运行状态，并且通过技术参数的变化趋势可以预测机械设备的运行状态，及时做出维护措施，减少机械设备可能会发生的故障。故障诊断技术的使用将船舶机械设备的计划性检修转向预防维修，大大降低了船舶机械设备的维修成本，延长了机械设备的使用寿命，提高了船舶机械运行的可靠性。

　　船舶机械设备故障诊断通过诊断保持设备良好状态，减少意外停机，在提高船舶运行的可靠性上有重要意义。船舶机械设备故障诊断具有如下特点。

　　（1）多参数监测：集成多种传感器数据，如温度、压力、振动等，以获得全面的设备状态信息，同时应用统计分析、信号处理和机器学习等方法来识别故障，利用自动化工具和系统减少人工干预，提高诊断的效率和一致性，能够对船舶机械设备进行持续的实时监控和分析。

　　（2）预测性维护：通过趋势分析预测潜在的故障，与船舶的其他管理系统（如船舶管理系统、安全系统等）集成，提供综合的监控解决方案，以便在故障发生前采取措施。

4.2.2　船舶机械设备故障诊断流程

　　（1）数据信号获取

　　数据信号获取是智能故障诊断的第一步，涉及使用传感器技术监测并获取船舶动力系统的运行状态。故障信息通常存在于热力学、动力学、摩擦学、声学等物理场中，通过监测如爆发压力、压缩压力、排温、排压、转速、功率等热工参数来获取设备的工作状况和运行状态。

　　（2）数据特征提取

　　在获取了足够的数据信号后，下一步是提取数据中的特征。包括热工参数特征、振动信号特征、声信号特征以及其他信号特征。特征提取可以通过各种信号处理技术实现，如快速傅里叶变换（FFT）、小波变换、经验模态分解（EMD）或其改进的集合经验模态分解（EEMD）等。

　　（3）故障识别与预测

　　利用提取的数据特征参数，结合智能算法如神经网络、支持向量机（SVM）、极限学习机（ELM）等，实现船舶动力装置的自动故障识别，这些算法能够对故障进行分类或识别，并在一些情况下预测潜在的故障。

　　（4）建立数据库和数据监测系统

　　为了有效地进行故障诊断，需要建立船舶动力装置状态监测数据库和基于云平台的数据监测系统，以便于数据的存储、备份和共享。随着监测数据集规模的增长，需要进行数据清洗和挖掘，以保持数据的有效性和一致性，从而提高故障诊断的准确性。

（5）建立自学习故障诊断平台

利用智能算法自动分析、学习、识别故障特征，并将维修信息和劣化信息相结合，训练智能模型以提高故障诊断的性能。结合专家经验和智能算法自动提取的故障特征，提升平台的诊断性能。

这些步骤共同构成了船舶机械设备故障诊断的流程，旨在提高故障诊断的准确性和效率，确保船舶动力系统的安全和可靠运行。

4.2.3　基于SSA-SVM算法的低温冷却淡水故障诊断

4.2.3.1　SSA-SVM算法概述

麻雀搜索算法（Sparrow Search Algorithm，SSA）是一种受自然启发的优化算法，它通过模拟麻雀的觅食行为和反捕食行为来寻找优化问题的解决方案。SSA算法中，麻雀群体被分为探索者（发现者）和追随者（加入者）。探索者负责寻找食物并为群体提供食物的位置和方向，而追随者则利用这些信息来获取食物。当麻雀群体感知到捕食者的威胁时，会触发反捕食行为，即群体会采取逃避行动以确保安全。

该算法受到自然界中麻雀觅食和反捕食行为的启发，具有较高的自然适应性，采用群体智能的方法，通过个体间的相互协作和竞争，实现优化问题的求解。算法中的个体身份可以动态转变，使得整个群体能够更好地适应环境变化。麻雀搜索算法具有收敛精度高、收敛速度快、鲁棒性强等特点，在函数优化问题方面，优于粒子群算法、灰狼优化算法等群智能算法。算法结合了个体的局部搜索和群体的全局搜索特性，能够有效地应用于连续优化问题的求解。

4.2.3.2　SSA-SVM算法适用范围

多元参数的设备、系统。例如：主机、发电机、燃油喷射系统、滑油系统、冷却水系统、推进系统。

4.2.3.3　SSA-SVM算法步骤

具体步骤如下：

①首先确定故障诊断模型的输入、输出。建立训练、测试样本集；

②初始化麻雀搜索算法相关参数，包括种群规模、最大迭代次数，SVM参数惩罚参数（C），核参数（g）；

③通过交叉验证，对训练样本进行分类，以交叉验证的准确率作为麻雀个体的适应度。保留最优的适应度值及位置信息；

④计算预警值，以预警值大小为依据，根据式（4.20）更新发现者的位置，并根据式（4.21）更新追随者的位置；

$$X_{i,j}^{t+1} = \begin{cases} Q \cdot \exp\left(\dfrac{X_{worst} - X_{i,j}^{t}}{i^2}\right), i > \dfrac{n}{2} \\ X_{p}^{t+1} + |X_{i,j} - X_{i,j}^{t}| \cdot A^{+} \cdot L \end{cases} \quad (4.20)$$

$$X_{i,j}^{t+1} = \begin{cases} X_{i,j} \cdot \exp\left(-\dfrac{i}{a.iter_{max}}\right), R_2 < ST \\ X_{i,j} + Q \cdot l, R_2 \geq ST \end{cases} \quad (4.21)$$

⑤按照式（4.22）更新意识到危险的麻雀位置，处于种群外围的麻雀会向安全区域靠拢，处在种群中心的麻雀则随机行走以靠近别的麻雀；

$$X_{i,j}^{t+1} = \begin{cases} X_{best}^t + \beta \left| X_{i,j}^t - X_{best}^t \right|, f_i > f_g \\ X_{i,j}^t + K\left(\dfrac{\left| X_{i,j}^t - X_{worst}^t \right|}{(f_i - f_w) + \varepsilon}\right), f_i = f_g \end{cases} \quad (4.22)$$

⑥计算麻雀个体新位置的适应度值，将更新后的适应度值与原来的最优值进行比较，并更新全局最优信息；

⑦判断迭代次数是否满足终止条件，如不满足，则重复步骤③，反之则停止，输出最优参数，将测试集样本输入到最优的SVM模型，输出诊断结果。

适应度函数为SVM对测试集的预测正确率。

$$fitness = \max\left[(accuracy)\, predict(test)\right]$$

4.2.3.4　SSA-SVM算法实例分析

基于SSA-SVM算法的船舶低温淡水冷却系统故障诊断：

机舱的机械设备中，除主机由高温冷却水冷却，中央冷却器及锅炉大气冷凝器由海水来冷却外，其他设备及冷却器均由低温淡水冷却。这些设备和冷却器包括空调机组、冷冻机组、空冷器、滑油冷却器、大气冷凝器、集装箱空调装置、中央冷却器、主机滑油冷却器、主机缸套淡水冷却器、中间轴承及主机的缸套和缸盖等。

低温淡水冷却系统图如图4.15所示。低温淡水在低温冷却淡水泵的泵送下，分成两路：一路进入主机冷却主机空气冷却器；另一路依次经过主机滑油冷却器和主机缸套水冷却器，分别冷却主机滑油和主机缸套水，低温淡水吸收热量温度升高。随后低温淡水分成两路：一路进入中央冷却器，在其中被海水冷却，释放热量自身温度降低；另一路不经过中央冷却器直接进入三通阀。从中央冷却器淡水管出来的低温淡水经过三通阀和不经过中央冷却器的低温淡水混合进入低温冷却淡水泵入口，至此完成闭式循环。混合后的低温淡水温度可以通过三通调节阀的开度设置。低温淡水膨胀箱的作用是为了适应在闭式冷却管系内循环的淡水，它的体积随着温度变化热胀冷缩来设置，柴油机在冷却过程中产生的气泡等可以通过膨胀水箱逸入大气。

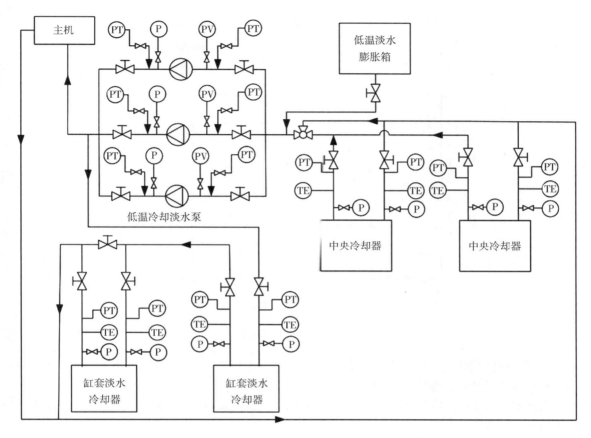

图4.16　低温淡水冷却系统图

（1）建立模型以及分类预测

实验所用低温淡水系统数据来自于论文《基于RKGM-AR模型的船舶主机排气温度预测》。船舶低温淡水系统6种工况分别为：F1为正常状态，F2为低温淡水泵机械故障，F3为滑油冷却器水侧脏堵，F4为滑油冷却器油侧脏堵，F5为空冷器水侧脏堵，F6为空冷器空气侧脏堵。

每种工作条件下取4组做训练数据，3组做测试数据，共24组训练数据，18组测试数据。应用在故障诊断领域较多的三种算法分别是未经优化的支持向量机、粒子群算法优化的支持向量机、麻雀搜索算法优化的支持向量机对数据进行预测并通过比较预测准确率判断哪种算法更适合船舶低温淡水系统的故障诊断。

使用Matlab2020a中的Libsvm工具箱。选择REF核函数。首先，使用并测试了最初的支持向量机训练模式，将支持向量机c设置为2，g设置为1，测试结果如图4.17所示。

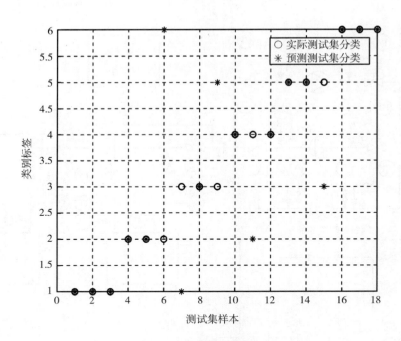

图4.17 支持向量机测试结果

粒子群算法优化支持向量机是利用PSO算法的特性解决并优化支持向量机的缺点，采用PSO算法对SVM算法中的关键参数c、g的取值进行优化选择。

粒子群算法中的种群数设定为10，迭代次数设定为30，训练模型并进行测试，测试结果如图4.18所示。

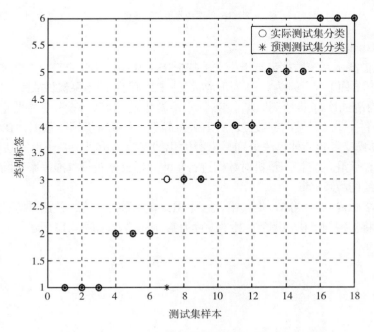

图4.18 粒子群算法优化支持向量机测试结果

使用SSA优化SVM的流程图如图4.19所示。通过使用SSA优化SVM的参数，直到参数得到优化并将优化后的参数用于故障诊断模型的训练。最后将试验数据输入使用优化后参数训练的模型中，输出数据的分类预测结果。将麻雀搜索算法中的麻雀数量设定为10，迭代次数设定为30，训练模型并进行测试，测试结果如图4.20所示。

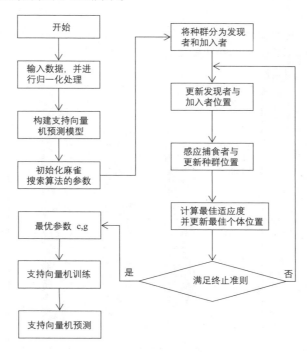

图4.19 粒子算法优化支持向量机流程图

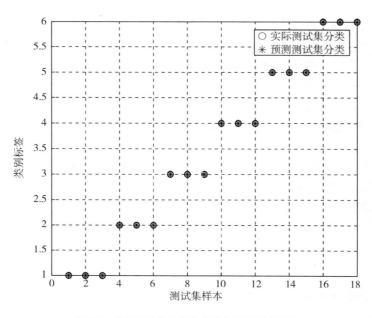

图4.20 麻雀搜索算法优化支持向量机测试结果

（2）实验结果分析

可以看到使用未优化的支持向量机18组测试数据预测对了13种，使用粒子群算法优化之后的支持向量机18组预测数据预测对了17种，使用麻雀搜索算法优化的支持向量机18组数据全部预测正确。未优化的支持向量机预测准确率为72.22%，效果不是很理想，说明支持向量机不适合直接拿来预测低温淡水系统。使用粒子群算法优化支持向量机预测的准确率为94.44%，准确率相对于未优化的支持向量机提升明显。而麻雀搜索算法优化后的支持向量机18组数据全部进行了正确预测，表明麻雀搜索算法在判断船舶低温淡水系统故障方面具有较高的精度和良好的效果。三种算法预测准确率如图4.21所示。

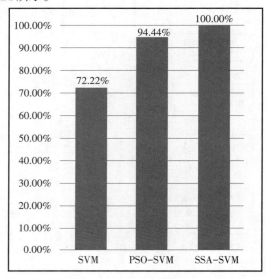

图4.21　三种算法预测准确率

（3）结论

在船舶运行的过程中，由于缺乏特殊设备，对于船舶低温淡水系统的故障诊断大部分是凭借轮机员的经验，本书提出了一种使用麻雀搜索算法优化支持向量机来对低温淡水系统进行故障诊断的方法，得出以下结论。

①传统的支持向量机模式在解决小样本、非线性和高维度的模式识别问题上展示出了诸多优点，但其参数对其性能影响极大。为了解决参数优化问题，本书提出了一种利用麻雀搜索算法对支持向量机进行优化的方法。

②将麻雀搜索算法优化支持向量机的方法应用于船舶低温淡水系统的故障诊断，并将其与支持向量机以及应用在故障诊断中较多的粒子群算法优化的支持向量机进行对比，得出麻雀搜索算法优化的支持向量机应用在船舶低温淡水系统的故障诊断有明显的优势。同时，该算法也为其他领域的故障诊断提供了新的方向。

4.2.4　基于RBF神经网络故障诊断方法

4.2.4.1　基于RBF神经网络故障诊断概述

基于径向基（Radial Basis Function，RBF）神经网络的系统故障诊断方法是一种高效且准确的故障诊断技术。这种方法通过模拟人脑神经元的动作，使用一系列训练算法来识别和预测船舶冷却水系统中可能出现的故障。RBF神经网络由输入层、隐含层（由径向基函数组成）和输出层构成。输入层接收来自船舶冷却水系统的传感器数据，如温度、压力、流速等参数。隐含层对输入数据进行非线性变换，输出层则产生故障诊断结果。

RBF神经网络能够处理复杂的非线性关系，提供高精度的故障诊断，泛化能力强，通过学习大量的历史数据，网络可以识别各种故障模式，可以根据新的数据不断学习和调整，提高诊断的准确性。

4.2.4.2　基于RBF神经网络的故障诊断适用范围

多元参数的设备、系统。RBF神经网络适用于中央冷却水系统的故障诊断，包括海水冷却系统、低温淡水冷却系统和高温淡水冷却系统，专门设计用于船舶主机冷却水系统的智能故障诊断设备，RBF神经网络也可用于船舶模拟电路的故障诊断，适用于船用低速柴油机的故障诊断，能有效滤除信号中的无用高频信号，准确判断故障。

4.2.4.3　基于RBF神经网络的故障诊断步骤

利用MATLAB与VC++混合编程方法编制故障诊断程序。诊断流程大致分为如下几步：①RBF神经网络的建立和训练；②利用MCGS工控机采集冷却水系统各设备运行温度、压力参数，并将其通过无线网络传输到上位机；③上位机对接收数据进行初步处理后，作为神经网络的输入参数输入到诊断程序并得到输出结果；④根据网络的计算结果分析系统运行状态，获得系统内各设备运转工况及故障严重程度。故障诊断流程图及主机冷却水故障诊断程序界面分别如图4.22所示。

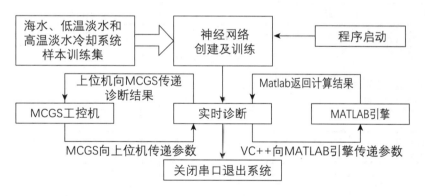

图4.22　故障诊断流程图

程序运行后单击神经网络创建按钮，根据相应提示来选择训练数据以完成诊断网络的创建。网络创建完成后，点击实时诊断按钮即可实时接收由下位机MCGS传来的冷却系统运行参数，经程序计算后，将结果返回MCGS内，MCGS根据诊断来判断冷却系统的运行状态。

4.2.4.4 基于RBF神经网络的船舶冷却水系统故障诊断实例

（1）创建RBF神经网络

本书将冷却系统故障类型作为神经网络输出向量，将发生该类型故障时系统各设备的运行参数作为输入向量。针对船舶冷却系统的3个子系统：海水冷却系统、低温淡水冷却系统和高温淡水冷却系统分别建立输入输出向量。

海水冷却系统神经网络的输出变量大致包括以下5种：正常工况、海水箱或海水泵前管路脏堵、海水泵机械故障、中央冷却器海水侧脏堵、海水管路泄漏，分别用F1、F2、F3、F4、F5表示，变化范围在0~1。"0"表示无故障，"1"表示发生故障（除正常工况F1）。神经网络的输入向量主要包括海水泵的进口压力P1、海水泵的出口压力（中央冷却器的进口压力）P2、中央冷却器海水进口温度T1、中央冷却器出口温度T2、中央冷却器淡水出口温度T3。由上述分析得出海水冷却系统诊断神经网络的输入输出训练样本集，如表4.5所示。

对于低温淡水系统，输出变量也为故障类型，主要包括以下几种：正常工况F1、低温淡水冷却泵机械故障F2、主机滑油冷却器水侧脏堵F3、主机滑油冷却器滑油侧脏堵F4、主机空冷器水侧脏堵F5及主机空气冷却器气侧脏堵。输入向量主要包括低温淡水泵进口压力P1、出口压力P2、滑油冷却器滑油进口压力P3、出口压力P4、主机空冷器空气进出口压差P5、低温淡水温度T1、主机滑油冷却器淡水出口温度T2、滑油进口温度T3、滑油出口温度T4、主机空冷器冷却水出口温度T5、空冷器空气进口温度T6、空冷器空气出口温度T7。其训练样本集如表4.6所示。

表4.5 海水冷却系统神经网络训练样本集

序号	X——输入向量					F——输出目标向量				
1	0.14	2.10	25.00	25.00	32.00	30.00	1.00	0.00	0.00	0.00	0.00
2	0.16	2.20	26.00	26.00	34.00	31.00	1.00	0.00	0.00	0.00	0.00
3	0.30	2.40	28.00	28.00	33.00	31.00	1.00	0.00	0.00	0.00	0.00
4	0.00	1.60	27.00	27.00	45.00	38.00	0.00	1.00	0.00	0.00	0.00
……						……				
16	0.50	1.40	26.00	26.00	46.00	42.00	0.00	1.00	1.00	0.00	0.00
17	0.70	1.20	28.00	28.00	48.00	44.00	0.00	1.00	1.00	0.00	0.00
18	0.10	2.80	25.00	25.00	43.00	39.00	0.00	0.00	0.00	1.00	0.00
……						……				
35	0.30	2.40	26.00	42.00	42.00	34.00	0.00	0.00	0.00	0.00	1.00

表4.6 低温淡水系统神经网络训练样本集

序号	X——输入向量									F——输出向量					
1	0.60	2.48	2.90	180.00	34.00	40.00	43.20	42.10	170.00	34.20	1.00	0.00	0.00	0.00	0.00	0.00
2	0.74	2.64	2.95	176.00	34.80	40.80	44.00	43.20	165.00	35.00	1.00	0.00	0.00	0.00	0.00	0.00
3	0.00	1.90	2.90	155.00	34.00	44.00	46.60	46.10	170.00	38.20	0.00	1.00	0.00	0.00	0.00	0.00

续表

序号		X——输入向量										F——输出向量					
4	0.14	2.04	2.95	150.00	34.80	44.80	47.40	47.20	165.00	39.10	0.00	1.00	0.00	0.00	0.00	0.00
			……										……				
16	0.60	2.58	3.10	180.00	34.00	43.00	45.60	42.10	170.00	34.20	0.00	0.00	1.00	0.00	0.00	0.00
17	0.60	2.48	2.70	180.00	34.00	36.00	46.60	42.10	170.00	34.20	0.00	0.00	0.00	1.00	0.00	0.00
18	0.60	2.48	2.90	145.00	34.00	40.00	43.20	45.10	170.00	38.20	0.00	0.00	0.00	0.00	1.00	0.00
			……										……				
42	0.90	2.82	3.60	190.00	36.90	42.90	45.90	51.90	170.00	42.00	0.00	0.00	0.00	0.00	0.00	1.00

对于高温淡水冷却系统，输出向量主要包括：正常工况F1、缸套淡水冷却泵机械故障F2、缸套水冷却器高温淡水侧脏堵F3、低温淡水侧脏堵F4。输入向量主要包括主机缸套水冷却泵进口压力P1、出口压力P2，缸套水冷却器缸套水进口压力P3、缸套水出口压力P4、低温淡水进口压力P5、低温淡水出口压力P6；主机缸套水出口温度T1、缸套冷却器缸套水出口温度T2、缸套冷却器冷却水进口温度T3、缸套冷却器冷却水出口温度T4。其训练样本集如表4.7所示。

表4.7　高温淡水神经网络训练样本集

序号		X——输入向量							F——输出向量				
1	0.10	4.06	2.70	2.64	2.40	2.34	82.40	68.00	50.20	1.00	0.00	0.00	0.00	0.00
2	0.16	4.12	2.78	2.72	2.46	2.40	83.60	69.10	51.00	1.00	0.00	0.00	0.00	0.00
3	0.62	3.10	2.04	2.00	2.40	2.34	89.80	71.00	47.20	0.00	1.00	1.00	0.00	0.00
4	0.70	3.18	2.10	2.05	2.46	2.40	90.00	72.10	48.00	0.00	1.00	1.00	0.00	0.00
			……									……		
16	0.08	4.06	2.70	2.40	2.40	2.34	88.80	70.00	48.20	0.00	0.00	0.00	1.00	
17	0.14	4.12	2.78	2.46	2.46	2.40	89.00	71.00	49.00	0.00	0.00	0.00	1.00	

根据设计的船舶冷却水3个子系统的训练样本集，利用MATLAB神经网络工具箱函数来创建神经网络。实时诊断过程中，利用MCGS采集各系统温度、压力传感器的参数，并将这些参数传入上位机，上位机程序利用训练好的神经网络计算网络输出值，根据网络的输出值即可判断冷却水系统的实时状态。

（2）诊断结果处理

本书将各故障严重程度分为4个等级：$F_i < 0.25$时，为正常状态；$0.25 < F_i < 0.50$时，为轻微故障；$0.50 < F_i < 0.80$时，为中度故障；$F_i > 0.80$时，为严重故障（其中F_i不包括F1正常工况）。故障诊断程序将诊断结果发送给MCGS工控机，MCGS工控机将根据接收数据来显示故障类型、位置、严重程度等信息。

（3）结论

①本书开发的船舶冷却水故障诊断设备不仅能够准确判断系统故障原因，而且能够实时给出船舶冷却水系统状态，使轮机员能够根据设备提示，在故障发生前及时排除故障，改正传统船舶

机舱超限报警的不可预知性的缺点。

②采用MATLAB与VC++混合编程的方法开发故障诊断程序，不仅利用了MATLAB强大的计算能力和丰富的工具箱函数，而且充分发挥VC++开发基于Windows应用程序的优势，很好地将二者结合以达到预期目的。

③利用MCGS工控机做下位机，充分发挥其易于快速开发的特点和其动画显示和支持串口通信的功能，将系统、上位机处理程序及本身良好地结合在一起，发挥各自优势，相互配合来完成冷却水系统故障智能诊断功能。

4.3　船舶机械设备状态预测

4.3.1　船舶机械设备状态预测的概念

船舶机械设备状态预测是指以设备当前使用状态为起点，结合预测对象状态特征参数的历史数据，并将其结构特性和环境条件考虑在内，对设备未来的运行状态进行预测、分析和判断。对可能出现的故障现象、故障原因、产生的影响及相应的解决措施进行提前分析与预判，将故障消除在萌芽中，从而有效地降低故障发生的风险，保障了船舶人员及财产的安全，减少了经济损失。船舶机械设备状态预测是比故障诊断更加高级的维修保障模式，是一门涉及机械、通信、信息技术和人工智能等多学科融合的新兴学科，是实现"事后诊断"向"事前预测维护"转变的重要途径。

4.3.2　船舶机械设备状态预测的特点

当代高新技术船舶机械是机、电、液和计算机技术的综合体，不仅结构复杂，而且功能呈多样化。一般设备状态预测具有如下特点：

（1）系统设备状态特征参数多样化。船舶机械设备大多由机械器件、电子和电气器件和液压器件等多种类型部件组成。在进行状态监测或预测时，需对每种类型的数据分别进行处理，然后进行去除冗余并合理地将有效信息融合起来，以便得出更加准确的预测结果。

（2）系统设备故障模式多。不同的船舶机械所产生的故障模式也不同，而且同一机械设备也有着多种不同的故障模式。所以在进行设备状态预测之前应了解每种故障模式的演变由来，分析其演变过程中状态参数的变化形式，进而在状态预测过程中能比较准确地发现该故障发生的先兆。

（3）不同设备之间故障存在关联性。船舶机械发生故障时，一般其输出会对其输出端连接设备的正常运行产生影响，或者其输出端连接设备的工作性能也能反映该设备的状态好坏。因此，在对船舶机械进行状态预测时也可将其前后设备的运行状态一同进行联合分析。

（4）状态预测具有层次性。船舶机械按功能一般分为系统、子系统、设备和组件等四个层次。下一层设备的运行状态会影响上一层设备的运行状态，同时上一层设备的运行状态也会反映下一层设备的运行状态。因此，在进行状态预测时要遵循从下到上的原则逐层进行状态预测。

4.3.3　船舶机械设备状态预测流程

通过安装在船舶机械设备上的传感器收集运行数据，如振动、温度、压力等参数。对收集到的原始数据进行处理，包括去噪、模态分解、异常数据判断等，以提取有效的特征信号。从预处理后的数据中提取能够反映设备状态的特征，如频域特征、时域特征等。再利用提取的特征进行设备状态的实时监测，通过设定的阈值或模型来判断设备是否正常运行。选择合适的预测模型，建立模型，如隐马尔可夫模型（HSMM）、自回归（AR）模型、神经网络等，对设备状态进行预测。当监测到异常状态时，通过故障诊断模型识别故障类型和位置。利用训练好的模型对未来一段时间内的设备状态进行预测，以预测潜在的故障和性能退化。根据预测结果，制订维护计划和策略，以实现预测性维护，减少意外停机和维修成本。

4.3.4　基于ARMA模型的船舶机械设备状态预测

4.3.4.1　ARMA模型概述

由于多数状态参数预测模型受外界环境影响较大，对预测参数的准确性有一定影响，ARMA模型将外界环境因素对系统的影响综合起来，将这些因素统一为时间因素来进行处理，无须细致分析外部环境因素对系统的影响，因此该模型具有所需历史数据样本较少，计算相对简单，节约计算时间以及减少工作量的优点。

4.3.4.2　ARMA模型的适用范围

ARMA模型适用于历史数据变化比较平稳，而且具有一定简单规律性的参数预测。对预测速度要求很高，但预测精度要求不高的参数预测可以采用ARMA模型。

4.3.4.3　ARMA模型的建模过程

4.3.4.3.1　ARMA模型原理

自回归移动平均模型（Auto-Regressive and Moving Model，ARMA）由自回归模型（Auto-Regressive，AR）和移动平均模型（Moving-Average，MA）混合构成。其基本原理为：由于完整时间序列变化发展具有一定的规律性，按照其规律性，通过序列中的原始数据来预测未来序列的单值。

ARMA模型的基本模型：

（1）自回归模型AR（p）

若时间序列 Y_1 满足下式：

$$Y_1 = \sum_{i=1}^{p} \varphi_i Y_{t-i} + \varepsilon_t \tag{4.23}$$

称时间序列 Y_1 为服从 p 阶的自回归模型。

式中：$\varphi(i \in [1, p])$ 为自回归系数，为确定模型需要对其求解；ε_t 是 t 时刻的随机扰动，为独立同分布的随机变量序列，服从 $N(0,\sigma^2)$。

由公式（4.23）可知，自回归模型中 Y_t 的值是关于 $Y_{t-i}(i\in[1,p])$ 和 ε_t 的线性函数，它和之前的响应及随机扰动并无关联。

（2）移动平均模型 MA(q)

若时间序列满足

$$Y_t = \varepsilon_t - \sum_{i=1}^{q}\theta_i\varepsilon_{t-i} \qquad (4.24)$$

则称时间序列 Y_t 为服从 q 阶的移动平均模型。

式中：$\varphi(i\in[1,q])$ 为移动平均系数，为确定模型需要对其求解；$\varepsilon_{t-i}(i\in[0,q])$ 为 $t-i$ 时刻的随机扰动，服从 $N(0,\sigma^2)$。

由式（4.24）可知，移动平均模型中 Y_t 的值是关于 ε_t 和 ε_{t-i} 的线性函数。该模型在 t 时刻的响应值与其之前时刻的响应值 $Y_{t-i}(i\in[1,q])$ 无关。

（3）自回归移动平均模型 ARMA(p,q)

若时间序列 Y_t 满足

$$Y_t = \sum_{i=1}^{q}\theta_iY_{t-i} + \sum_{K=0}^{q}\theta_K\varepsilon_{t-k} \qquad (4.25)$$

则称时间序列为服从（p,q）阶自回归移动平均模型。由式（4.25）可知，ARMA(p,q) 这一模型中 Y_t 的值是关于 $Y_{t-i}(i\in[1,q])$ 和 $\varepsilon_{t-i}(i\in[0,q])$ 的线性函数。

4.3.4.3.2　ARMA 模型的建立流程

ARMA 模型是根据平稳时间序列建立的，在模型建立之前需要检验时间序列的平稳性。假如时间序列式是非平稳的，则需要进行相关平稳化处理，直到满足平稳性要求，之后建立 ARMA 模型。ARMA 模型的建模分为以下四步：

（1）时间序列平稳化

首先对时间序列的平稳性进行判断。如果时间序列是平稳的，那么数值会稳定在一定的范围内随机波动，无明显的规律性。如果时间序列是非平稳的，则经过不定次数的差分对非平稳时间序列进行处理，使其实现平稳化。

（2）模型的识别和定阶

建立 ARMA 模型时，自相关函数和偏自相关函数的收敛速度决定 p、q 值，AR(p) 模型的自相关函数具有拖尾性，而偏自相关函数具有 p 步截尾性；MA(p) 模型的自相关函数具有 q 步截尾性，而偏自相关函数具有拖尾性；ARMA(p,q) 模型的自相关函数和偏自相关函数都具有拖尾性。自相关函数 γ_k 和偏自相关函数 φ_{kk} 计算如式（4.26）、式（4.27）所示：

$$\gamma_k = \frac{cov(Y_t - Y_{t-k})}{\sqrt{DY_t \cdot DY_{t-k}}} \qquad (4.26)$$

$$\varphi_{kk} = \begin{cases} \gamma_1 & k = 1 \\[2em] \dfrac{\gamma_k - \sum\limits_{j=1}^{k-1} \varphi_{k-1,j} \cdot \gamma_{k-j}}{1 - \sum\limits_{j=1}^{k-1} \varphi_{k-1,j} \cdot \gamma_i} & k = 2,3\cdots \end{cases} \tag{4.27}$$

式（4.26）中的 γ_k 是以 k 为变量的自相关序数列，自相关函数拖尾性是指模型的自相关函数按照负指数减少，而 q 步截尾性则是自相关函数在 $k > q$ 后收敛较快直至为 0。

式（4.27）中的 φ_{kk} 是 $Y_{t-1}, Y_{t-2}, \cdots, Y_{t-k+1}, Y_{t-k}$ 对 Y_t 做线性最小二乘估计得到的关于 Y_{t-k} 的系数，偏自相关函数的 p 步截尾性是指偏自函数在 $k > p$ 后收敛较快直至为 0。

之后根据模型选取不同的 p，q 值及参数，采用 AIC 方法给模型定阶，定阶准则如式（4.28）所示：

$$AIC = 1n\widehat{\sigma}_a^2 + \frac{2(p+q)}{N} \tag{4.28}$$

当 AIC 值最小即残差方差 $\widehat{\sigma}_a^2$ 最小时，得到的 p，q 值为最佳选择，该模型被认为是最佳模型。

（3）模型参数估计

选取适当的时间序列模型参数估计方法，最小二乘估计法在对线性模型的估计中具有良好的统计性且计算量少等优势，因此被应用的最为广泛。另外，实际模型参数的确定，则可通过 MATLAB 中 ARMA 时间分析序列的函数 armax（data，orders）估计参数来实现。

（4）模型检验

最后，对估计得到的模型进行检验，当模型的某些参数显著为 0 时要对模型进行优化处理，必要时要重新建模，使模型达到最优。

4.3.4.4 状态预测的步骤

结合以上所述，ARMA 模型建模及预测步骤概括为：

（1）由自回归模型 $AR(p) \; Y_t = \sum\limits_{i=1}^{p} \varphi Y_{t-i} + \varepsilon_i$，移动平均模型 $MA(q) \; Y_t = \varepsilon_t - \sum\limits_{i=1}^{q} \theta_i \varepsilon_{t-i}$，自回归移动平均模型 $ARMA(p,q) \; Y_t = \sum\limits_{i=1}^{p} \varphi_i Y_{t-i} + \sum\limits_{k=1}^{q} \theta_k \varepsilon_{t-k}$，其中时间序列 Y_t 为服从 (p,q) 阶自回归移动平均模型，则 $ARMA(p,q)$ 这一模型中 Y_t 的值是关于 $Y_{t-i}(i \in [1,q])$ 和 $Y_{t-i}(i \in [1,q])$ 的线性函数。

（2）ARMA 模型的建立流程如下：

①时间序列平稳化：判断时间序列的平稳性，若非平稳则进行差分处理使其平稳。

②模型的识别和定阶：根据自相关函数和偏自相关函数的收敛速度确定 p、q 值，采用 AIC 方法定阶，当 AIC 值最小时得到最佳的 p、q 值。

③模型参数估计：可采用最小二乘估计法，也可通过 MATLAB 中 ARMA 时间分析序列的函数估计参数。

④模型检验：对估计得到的模型进行检验，必要时进行优化处理或重新建模。

4.3.4.5 状态预测的实例分析

4.3.4.5.1 海水冷却系统状态参数预测方案

本书选取"育鲲"轮正常工况下海水冷却系统的海水泵进口压力、海水泵出口压力、中央冷却器海水进口压力、中央冷却器海水出口温度和中央冷却器淡水出口温度五种状态参数作为训练样本并进行预处理；其次，建立ARMA参数预测模型，将训练样本输入模型中进行训练，在MATLAB环境下获得上述五种状态参数的预测值；最后，将预测值与实际值进行对比，运用平均百分比误差法对预测模型进行验证，并对误差进行分析。海水冷却系统状态参数预测方案框架图如图4.23所示。

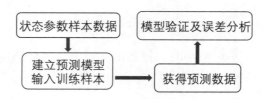

图4.23　海水冷却系统状态参数预测方案框架图

4.3.4.5.2 状态参数样本数据选取

船舶在航行过程中，船舶冷却水系统的状态一般处于平稳工况。本书所采集的海水冷却系统状态参数均为非故障数据，即正常工况（表4.8）下采集的参数。每两小时对系统中的海水泵的进口压力、海水泵出口压力、中央冷却器海水进口温度、中央冷却器海水出口温度、中央冷却器淡水出口温度进行采集，记录为一组数据。在预测模型初始构建过程中，模型参数进行多次调整，60组历史数据和12组验证数据已满足模型预测精度要求，所以以前六天共60组海水冷却系统状态参数的历史数据作为样本，对第六天共12组数据变化的趋势进行预测分析，并对第六天的实际值进行监控、实时记录。6天简要的实际历史数据如表4.9所示。

表4.8　海水冷却系统状态参数正常值

序号	参数类型	参数标识	额定参数值	正常范围	单位
1	海水泵进口压力	P1	0.1	0.1~0.4	bar
2	海水泵出口压力	P2	2.5	2.0~2.5	bar
3	中央冷却器海水进口温度	T1	26	20~32	℃
4	中央冷却器海水出口温度	T2	35	30~42	℃
5	中央冷却器淡水出口温度	T3	31	30~34	℃

表4.9　6天简要的实际历史数据

序号	海水泵进口压力 P1/bar	海水泵出口压力 P2/bar	中央冷却器海水进口温度 T1/℃	中央冷却器海水出口温度 T2/℃	中央冷却器淡水出口温度 T3/℃
1	0.23	2.4	26	34	31
2	0.25	2.5	24	33	32
……	……	……	……	……	……
70	0.16	2.0	27	36	31
71	0.17	2.1	25	35	31
72	0.15	2.0	25	33	30

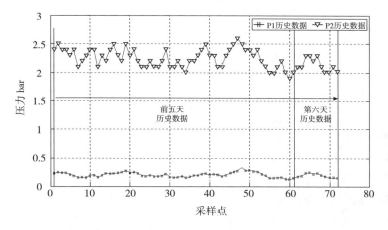

图4.24　海水泵进口压力（P1）/出口压力（P2）历史数据曲线图

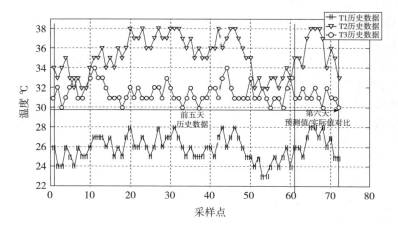

图4.25　T1、T2、T3历史数据曲线图

其中前五天共60组历史数据样本用作系统训练，第六天共12组实际历史数据用作测试验证。用MATLAB绘制的海水泵进口压力（P1）、海水泵出口压力（P2）历史数据曲线图如图4.24所示。绘制的中央冷却器海水进口温度（T1）、海水出口温度（T2）及低温淡水出口温度（T3）历史数据曲线图如图4.25所示。

由于本书所构造的ARMA模型只是为了使其达到数据预测数据的能力，因此对模型的验证只要求拥有历史数据即可，外界环境的因素暂时不在考虑范围之内。

4.3.4.5.3 船舶冷却水状态模型确定

对冷却水系统的状态参数的趋势进行预测的目的是能展望到之后一段时间内系统及各个设备的运行情况。先对一个数据窗口的长度进行规定，运用时间滚动技术使得窗口不断地向前移动，完成新数据与老数据的更换，趋势预测中数据更新原理如图4.26所示。

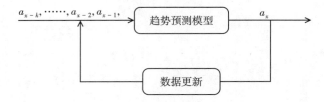

$$a_{x-k}, \cdots\cdots, a_{x-2}, a_{x-1} \qquad \boxed{\text{趋势预测模型}} \qquad a_x$$

$$\boxed{\text{数据更新}}$$

图4.26 趋势预测中数据更新原理

将原始数据去趋势化完成后，研究分析海水冷却系统五个状态参数的自相关函数和偏自相关函数，可以得出，五个状态参数去趋势化后的偏自相关函数和自相关函数都表现为拖尾型，所以确定预测模型为ARMA(p,q)模型。

之后根据模型选取不同的p,q值及参数，采用AIC方法给模型定阶，最佳阶数要选择使AIC值最小的p和q，具体公式如式（4.28）所示。经过在MATLAB软件仿真后，发现当p,q取值为[3，3]时，AIC值最小，所以最终的预测模型确定为ARMA（3，3）。在模型阶次确定以后，利用MATLAB中armax函数估计模型参数。利用前五天共60组历史数据作为训练数据，第六天共12组历史数据作为验证数据。在MATLAB中编程，首先调用armax（data，[p,q]）函数，正确设置预测模型相关参数，获取趋势预测模型，之后利用predict（sys，data，K）函数预测未来趋势。图4.27给出了海水冷却系统状态参数预测模型在输入前五天共60组海水泵进口压力历史数据进行训练之后，预测出的第六天12组压力预测值，并将之与第六天实际历史数据进行对比。

同理将海水泵出口压力P2，中央冷却器海水进口温度T1、中央冷却器海水出口温度T2、中央冷却器淡水出口温度T3的前五天历史数据输入至海水冷却系统状态参数预测模型里，重新正确设置预测模型参数后，分别得到预测参数。图4.28为海水泵出口压力（P2）预测数据对比图。图4.29为T1、T2、T3预测数据对比图。

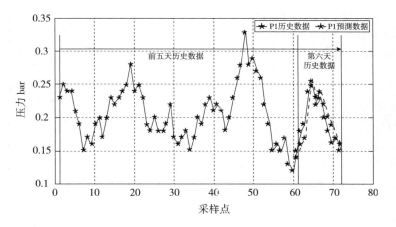

图4.27　海水泵进口压力（P1）预测数据对比图

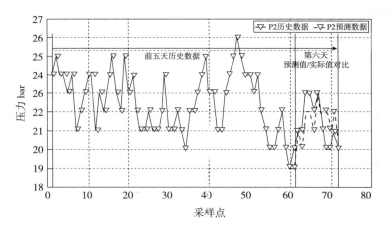

图4.28　海水泵出口压力（P2）预测数据对比图

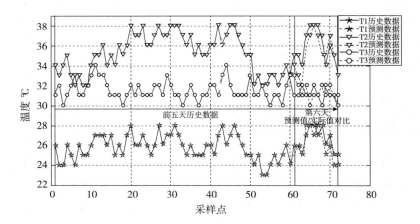

图4.29　T1、T2、T3预测数据对比图

从图4.27、图4.28和图4.29中我们可以看出，将前五天采集的60组船舶海水冷却系统状态参数历史数据输入至状态参数预测模型中，用所输出的预测数据做图并与实际历史数据进行对比，不难发现预测数据的整体趋势与实际历史数据还是较为吻合的，是围绕状态参数实际历史数据上下波动的，具体预测误差将在下一节进行具体分析。

4.3.4.5.4 预测模型验证及分析

预测结果存在不同程度的不确定性，这种不确定性就不能准确预测船舶海水冷却系统的性能参数值，只能从统计意义上做出最优的选择。因此，在趋势预测之后，需对预测的数值的准确性进行评估，若评估效果不理想，则要对模型进行优化处理。本书采用的评价指标为：平均绝对百分比误差（Mean Absolute Percentage Error，MAPE）。

平均绝对百分比误差：

$$\text{MAPE} = \frac{1}{N}\sum_{i=1}^{n}\left|\frac{x_{fi}-x_{ai}}{x_{ai}}\right| \times 100\% \tag{4.29}$$

式中，N代表预测的个数，x_f为预测值，x_a为实际值。

将正常工况1下的海水冷却系统状态参数预测数据与实际历史数据代入式（4.59）中进行计算，所得平均绝对百分比误差（MAPE）如表4.10所示：

表4.10 海水冷却系统预测参数平均绝对百分比误差——正常工况1（%）

预测步数	MAPE（P1）	MAPE（P2）	MAPE（T1）	MAPE（T2）	MAPE（T3）
1	6.67	5.00	3.85	2.86	6.45
2	8.89	2.50	1.93	4.29	4.84
3	9.44	3.25	1.28	4.82	4.27
4	8.12	3.53	1.89	4.29	4.01
5	7.30	3.69	1.51	3.96	3.85
6	6.84	3.83	1.85	3.29	3.73
7	6.48	3.29	2.12	3.20	3.20
8	6.92	3.47	2.30	3.48	3.63
9	7.39	4.20	2.47	3.42	3.58
10	8.53	4.28	2.59	3.35	3.54
11	7.75	4.32	2.72	3.05	3.22
12	12.66	3.96	2.83	2.80	3.23

从表格4.10中我们可以发现海水冷却系统预测参数平均绝对百分比误差MAPE基本大部分在10%以下，只有海水泵进口压力P1最后一步预测值偏离实际值较多，从而造成预测步数为12时，P1平均绝对百分比误差（MAPE）超过10%。分析原因可能是由于在中央冷却系统中海水泵进口直接与舷外相连，受外部环境干扰较大，以至于预测数据偏差大，而P2、T1、T2、T3的平均绝对百分比误差（MAPE）大部分处于5%以下。而且中央冷却器淡水出口温度T3的预测数据的平均绝对百分比误差（MAPE）随着预测步数的增加有逐渐减小的收敛趋势。所以综合海水冷却

系统五个状态参数的预测趋势，可以认为本书建立的海水冷却系统状态参数预测模型具有良好的预测功能。

4.3.5　基于RKGM-AR模型的设备状态预测

4.3.5.1　RKGM-AR模型概述

RKGM-AR模型是四阶龙格库塔法（RK）改进的灰预测模型（GM）与时间序列AR模型相结合的组合预测模型的缩写。其中灰预测模型主要基于系统的灰色特性预测系统未来的变化，船舶柴油机故障的产生和发展具有不确定性因素，因此可以视其为一个灰色系统。由于柴油机热力参数在变化过程中受多种因素的综合影响，既有一定的规律性，也有较强的随机性，恰好灰预测对系统的总体变化规律性有很好的预测效果，而时间序列AR预测模型能够较好的反映系统的随机影响。因而本书提出将用四阶龙格库塔法改进的灰色预测模型和时间序列AR模型相结合的预测模型对热力参数进行趋势预测，分别发挥两种预测方法的长处，提高对柴油机故障预报的精度。RKGM-AR模型原理图如图4.30所示。

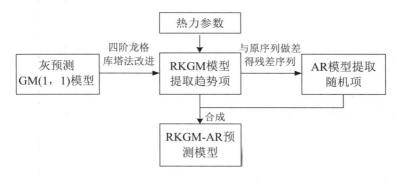

图4.30　RKGM-AR模型原理图

首先，利用四阶龙格库塔法改进灰预测GM（1，1）模型得到RKGM模型，提取热力参数的确定性趋势项；然后将趋势项与原序列做差得到残差序列，用AR模型对残差序列进行预测，并取结果作为随机项，最后将趋势项与随机项叠加，得到RKGM-AR模型的预测结果。下面将详细说明组合预测模型的建立过程。

4.3.5.2　RKGM-AR模型的适用范围

RKGM-AR模型适用于数据变化比较稳定，而且具有一定规律性的状态参数预测。对预测精度要求较高的线性参数预测可以采用RKGM-AR模型。

4.3.5.3　RKGM-AR模型的建模过程

4.3.5.3.1　灰预测GM（1，1）模型的建立

GM（1，1）模型是灰预测方法的精髓，由于其建模过程简单，模型表达式简洁，便于求

解，所以它能较好地对系统的行为特征大小的发展变化趋势进行预测，其应用价值也越来越广泛。其建模分为以下4步：

（1）累加生成。将热力参数原始时间序列 $X^{(0)} = \{X^{(0)}(1), X^{(0)}(2), \cdots X^{(0)}(n)\}$ 进行一次累加得 $X^{(1)} = \{X^{(1)}(1), X^{(1)}(2), \cdots X^{(1)}(n)\}$，其中 $X^{(1)}(k) = \sum_{i=1}^{k} X^{(0)}(i)$，$k = 1, 2, \cdots, n$。

（2）建模。如果热力参数累加序列 $X^{(1)}$ 的光滑性满足要求，则由 $X^{(1)}$ 构造的背景值序列为 $Z^{(1)} = \{Z^{(1)}(2), Z^{(1)}(3), \cdots, Z^{(1)}(n)\}$，其中 $Z^{(1)}(k) = aX^{(1)}(k-1) + (1-a)X^{(1)}(k)$，$k = 1, 2, \cdots, n$。一般取 $\alpha = 0.5$。于是得到GM（1，1）模型的白化微分方程：

$$\frac{\mathrm{d}X^{(1)}}{\mathrm{d}t} + aX^{(1)} = u \tag{4.30}$$

式中，a 称作发展系数，其大小反应了序列 $X^{(0)}$ 和 $X^{(1)}$ 的发展趋势；u 为灰色作用量。离散化得：

$$X^{(0)}(k) + az^{(1)}(k) = u \tag{4.31}$$

式中 $k = 2, 3, \cdots, n$。

（3）求解灰参数 a 和 u。若 $\hat{a} = (a, b)^{\mathrm{T}}$ 为一个列向量，且：

$$B = \begin{bmatrix} -z^{(1)}(2) & 1 \\ -z^{(1)}(3) & 1 \\ \cdots & \vdots \\ -z^{(1)}(n) & 1 \end{bmatrix}, \qquad Y = \begin{bmatrix} X^{(0)}(2) \\ X^{(0)}(3) \\ \cdots \\ X^{(0)}(n) \end{bmatrix}$$

采用最小二乘法对参数 a 和 u 值进行估计，应有如下等式：

$$\hat{a} = (B^{\mathrm{T}}B)^{-1}B^{\mathrm{T}}Y$$

（4）建立预测公式。热力参数累加序列 $X^{(1)}$ 的预测公式为：

$$\hat{X}^{(1)}(k+1) = [X^{(0)}(1) - u/a]e^{-ak} + u/a \tag{4.32}$$

式中，$k = 0, 1, \cdots, n$。

然后累减，得到热力参数 $X^{(0)}$ 预测公式为：

$$\hat{X}^{(0)}(k+1) = X^{(1)}(k+1) - X^{(1)}(k) = (1 - e^a)[X^{(0)}(1) - u/a]e^{-ak} \tag{4.33}$$

式中，$k = 0, 1, \cdots, n$，$\hat{X}^{(0)}(1) = X^{(0)}(1)$。

4.3.5.3.2 龙格库塔法改进GM（1，1）模型

上述建模过程可以看出，GM（1，1）模型实质就是对原始数据序列作指数拟合，但是在对船舶机舱中动态系统的实际预测过程中，由于受到多方面复杂因素的影响，其结果并不一定是一条平滑的指数函数曲线，而且针对不同特性的原始序列可能存在较大的偏差。除此之外，预测值和实测值的偏差的大小，主要取决于对式（4.30）所指的微分方程的求解。而求解微分方程最重要的就是初值的大小以及求解微分方程的方法。所以，下面就对灰预测GM（1，1）模型进行以上两方面的优化。

（1）初值优化

传统的GM（1，1）预测模型中，选取 $\hat{X}^{(0)}(1)$ 作初值显然不太合理，因为经过预测模型的训练数据计算后所得到的最佳拟合曲线有可能不通过 $X^{(1)}$ 序列中的任何一个数据。因此，本书将式（4.32）中初值 $X^{(0)}(1)$ 采用最小二乘法进行估计，即使

$$\sum_{k=1}^{n-1}\left\{\left(1-e^a\right)\left[\widehat{X}^{(0)}(1)-u/a\right]e^{-ak}-X^0(k+1)\right\}^2+\left[\widehat{X}^{(0)}(1)-X^{(0)}(1)\right]^2 \text{ 达到最小。求得最小二乘解为：}$$

$$\widehat{X}^{(0)}(1)=\frac{X^{(0)}(1)+\sum_{k=1}^{n-1}(1-e^a)e^{-ak}\left[\dfrac{u}{a}(1-e^a)e^{-ak}+X^{(0)}(k+1)\right]}{1+(1-e^a)^2\sum_{k=1}^{n-1}e^{-2ak}} \tag{4.34}$$

（2）四阶龙格库塔法改进GM（1，1）模型

在GM（1，1）模型求解方面，引入四阶龙格库塔法。四阶龙格库塔法的优势就在于进行微分方程求解时，间接使用泰勒级数法，其每一步的迭代计算都是依据前一步的结果来预测下一步的结果。结合船舶柴油机热力参数的趋势预测，其预测结果与前一时刻的数值有很大的关联性，将龙格库塔法的每一个迭代步对应预测步，即可采用最近的一个迭代结果来预测下一步的结果，这样得到的预测结果才更加准确。

四阶龙格库塔法的公式为：

$$\begin{aligned}\widehat{y}(k+h)&=y(k)+\frac{h}{6}(K_1+2K_2+2K_3+K_4)\\ K_1&=f(k,y(k))\\ K_2&=f(k+h/2,y(k)+hK_1/2)\\ K_3&=f(k+h/2,y(k)+hK_2/2)\\ K_4&=f(k+h/2,y(k)+hK_3)\end{aligned} \tag{4.35}$$

式中，$\widehat{y}(k+h)$为第$k+1$步的预测公式，h为迭代步长。将式（4.35）应用到式（4.30）的求解过程中，则$f(k,y(k))=u-aX^{(1)}(k)$，式（4.35）则改写成：

$$\widehat{X}^{(1)}(k+h)=X^{(1)}(k)+\frac{h}{6}(K_1+2K_2+2K_3+K_4)$$

$$\begin{cases}K_1=f(k,X^{(1)}(k))=u-aX^{(1)}(k)\\ K_2=f(k+h/2,X^{(1)}(k)+hK_1/2)\\ K_3=f(k+h/2,X^{(1)}(k)+hK_2/2)\\ K_4=f(k+h,X^{(1)}(k)+hK_3)=u-a(X^{(1)}(k)+hK_3)\end{cases} \tag{4.36}$$

累减得到：

$$\widehat{X}^{(0)}(k+h)=X^{(1)}(k+h)-X^{(1)}(k) \tag{4.37}$$

利用RKGM模型求出热力参数的趋势项后，用原时序去掉趋势项就得到了残差序列：

$$\varepsilon^{(0)}(k)=X^{(0)}(k)-\widehat{X}^{(0)}(k) \tag{4.38}$$

4.3.5.3.3　AR模型的建立

AR模型是时间序列预测方法中原理最基本、实际应用最为广泛的时序模型。它既可以比较数据间的线性相关性，预测将来一段时间的发展趋势，又能从其他不同的角度去研究系统的特性，从而使系统达到所期望的工作要求。

对于一个平稳、正态、零均值的时间序列$\{X(k)\}$，其AR自回归模型为：

$$X(k)=\sum_{i=1}^n\varphi_iX(k-i)+a(k) \tag{4.39}$$

式中，n 为模型阶数；$\varphi_1 \varphi_2 \cdots \varphi_n$ 为自回归系数；$\{a(k)\}$ 为零均值的白噪声序列。对于 AR 模型，确定模型的参数序列 $\{\varphi_i\}$ 和阶数 n 是求解模型的关键。

（1）AR模型参数的估计

AR模型常见的参数估计方法有矩估计、最大似然估计、最小方差估计和最小二乘估计。但最小二乘估计是常用的最佳的参数估计算法，相对于矩估计来说它属于精估计，而且这种方法相对比较简化和实用。所以本书采用最小二乘的方法来求解 AR 模型的参数序列，下面介绍了最小二乘估计方法，对于式（4.39），另 $k = n + 1, n + 2, \cdots, N$，可得到下式：

$$\begin{cases} X(n+1) = \varphi_1 X(n) + \varphi_2 X(n-1) + \cdots + \varphi_n X(1) + a(n+1) \\ X(n+2) = \varphi_1 X(n+1) + \varphi_2 X(n)2 + \cdots + \varphi_n X(1) + a(n+2) \\ \vdots \\ X(N) = \varphi_1 X(N-1) + \varphi_2 X(N-2) + \cdots + \varphi_n X(N-n) + a(N) \end{cases} \quad (4.40)$$

则可利用最小二乘的原理得出参数序列的估计式为：

$$\varphi_N = (X_N^{\mathrm{T}} X_N)^{-1} \cdot X_N^{\mathrm{T}} \cdot Y_N \quad (4.41)$$

$$\varphi_N = \left[\widehat{\varphi_1}, \widehat{\varphi_2}, \cdots, \widehat{\varphi_N},\right]^T$$

式中：
$$\varphi_N = \begin{bmatrix} X(n) & X(n-1) & \cdots & X(1) \\ X(n+1) & X(n) & \cdots & X(2) \\ \vdots & \vdots & & \vdots \\ X(N-1) & X(N-2) & \cdots & X(N-n) \end{bmatrix}$$

$$Y_N = [X(n+1), X(n+2), \cdots, X(N)]^T$$

求出参数 φ_N 后即可得出 AR(n) 估计模型为：

$$\widehat{X}(k) = \sum \widehat{\varphi_i} X(K-I) \quad (4.42)$$

下一步将要说明如何来确定模型的阶数。

（2）AR模型定阶准则

对于非平稳时间序列的模型拟合来说，一个主要的问题就是确定模型阶数。AR模型阶数估计的一个重要的准则为 AIC（An Information Criterion）准则。AIC 准则又称为信息准则。该准则适用于 ARMA 模型，包括 AR 和 MA 模型的检验。该准则的计算公式定义为：

$$\text{AIC}(n) = p1n\sigma^2 + 2n \quad (4.43)$$

使式（4.43）中 AIC 值最小时所对应的 n 值为最佳阶数。其中，p 为序列数据的总数；σ^2 为阶数为 n 时的残差方差。

因为参数的估计是在已经给定的阶次后计算的，但是我们事先并不清楚模型的最佳阶次，所以在建立模型的过程中要事先给定模型的阶次，然后按照最小二乘算法估计出 AR 模型的参数，也就得到了各阶模型的 AIC(n) 值，最后取 AIC(n) 值最小时所对应的阶次作为 AR 模型的最佳阶次，同时也确定了 AR 模型。

4.3.5.3.4 RKGM-AR 组合预测模型的建立

RKGM-AR模型将 RKGM 和 AR 相结合，将船舶柴油机热力参数数据看作是确定性数据和随机性数据的合成。利用 RKGM 模型提取确定性趋势项 $\widehat{X}^{(0)}(k)$；然后用 AR 模型对残差序列 $\varepsilon^{(0)}(k)$

进行预测，并取结果作为随机项 $\widehat{\varepsilon}^{(0)}(k)$，然后将趋势项与随机项叠加，得到RKGM-AR模型为：

$$Y^{(0)}(k)\widehat{X}^{(0)}(k) + \widehat{\varepsilon}^{(0)}(k) \tag{4.44}$$

式中，$\widehat{X}^{(0)}$ 为趋势项RKGM模型；$\widehat{\varepsilon}^{(0)}$ 为随机项AR模型。

4.3.5.4 状态预测的步骤

结合以上所述，RKGM-AR模型建模及预测步骤概括为：

（1）对热力参数原始序列 $X^{(0)} = \{X^{(0)}(1), X^{(0)}(2), \cdots, X^{(0)}(n)\}$，进行一次累加生成，得到累加序列 $X^{(1)} = \{X^{(10)}(1), X^{(1)}(2), \cdots, X^{(1)}(n)\}$。

（2）优化模型的初值。用最小二乘法重构模型初始值 $\widehat{X}^{(1)}(1)$。

（3）应用四阶龙格库塔法优化GM（1，1）模型，并运用该模型预测出趋势项 $\widehat{X}^{(0)}$，原始序列与其作差得到残差序列 $\varepsilon^{(0)}$。

（4）确定AR模型的阶数 n 和自回归系数 φ_i。令 n 分别取1，2，3，4，5求解出相应的自回归系数和残差方差，分别代入式（4.43），找出使AIC值最小时所对应的最佳阶数 n，即确定了AR（n）模型。

（5）将残差序列 $\varepsilon^{(0)}$ 用AR（n）模型进行预测，即可得到随机项 $\widehat{\varepsilon}^{(0)}$。

（6）将趋势项和随机项进行叠加即可得到最终预测结果，见式（4.44）。

4.3.5.5 状态预测的实例分析

所用的数据来自某实习船，主机型号6S35MC，连续采集35个主机1号缸的排烟温度值，利用采集到的数据构建一个时间序列 $\{X^{(0)}(k)\}$（$k = 1, 2, \cdots, 35$）。如图4.31所示，此时间序列存在一定的波动。

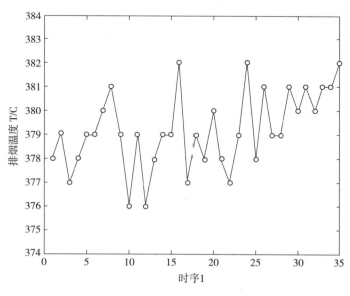

图4.31 实测排烟温度序列

取图4.31中前30个数据建立RKGM-AR预测模型，来预测后5个数据。采用Matlab编程计算得出：

（1）RKGM模型中a=-0.001 34，u=378.144 6，所得趋势预测结果见图4.32，从中可以看出RKGM模型拟合精度较低，拟合曲线呈平滑递增形式，其只反映了时间序列的缓变递增趋势变化。

（2）残差序列用AR模型预测，选取最佳阶数$n=4$，$\sigma^2=3.312\,9$，此时$AIC=43.93$为最小值，残差预测结果见图4.33，从中可以看出残差序列采用AR（4）模型进行预测，能较好地体现时间序列的随机性变化。

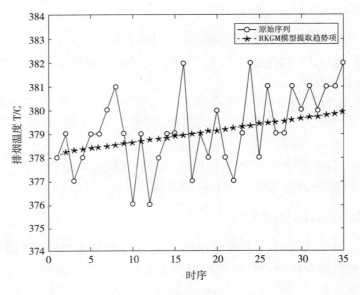

图4.32　RKGM模型提取趋势项

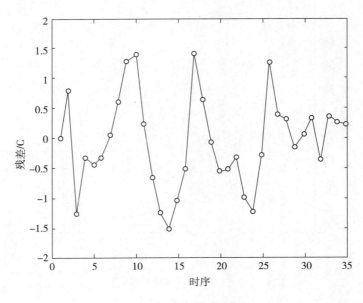

图4.33　AR模型提取随机项

图4.34为RKGM-AR模型的预测结果曲线与实测值曲线对比图，从图中可以看出预测曲线既包含了排烟温度变化的趋势性又含有变化过程中可能产生的随机性。前30个预测值所拟合的曲线的走势与原序列曲线大致相同，平均相对误差0.334%；后5个预测值波动范围和走势与实测值都比较一致，后5个预测值与实测值的对比如表4.11所示。

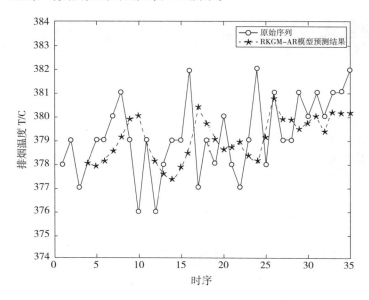

图4.34　RKGM-AR模型的预测结果曲线与实测值曲线的对比图

表4.11　后5个预测值与实测值的对比

序号	实测/℃	RKGM趋势项/℃	AR随机项/℃	RKGM-AR预测/℃	相对误差
31	381	379.693	0.321	380.014	0.259%
32	380	379.744	−0.389	379.355	0.170%
33	381	379.795	0.364	380.159	0.221%
34	381	379.846	0.254	380.100	0.236%
35	382	379.897	0.221	380.118	0.493%
平均相对误差					0.276%

由计算结果可以看出，RKGM-AR模型既对序列进行了趋势的提取，又对残差进行了时序分析，后5个排温值的平均相对误差为0.276%，预测精度较高，适用于工程实际问题的动态分析与预测。

第5章　船舶智能运维知识库

随着船舶智能化水平的不断提高，其带给船舶运维方面的变化主要表现为船舶及其系统设备的操作和维修的智能化，传统船舶系统设备中越来越多需要由船舶工作人员完成的操作和维护工作将逐步由智能化系统完成。

5.1　船舶智能运维知识库概述

基于智能船舶或无人船条件下的船舶知识库，主要由三部分构成，即：船舶航行决策支持知识库、船舶机械维修决策支持知识库和船舶机械操作决策支持知识库。

船舶智能运维知识库系统是船舶智能运维云服务中三大组成部分之一，通过智能化的手段将专业的知识转换为专业的决策。船舶智能运维知识库由控制层、知识层和决策层构成。船舶智能运维知识库框架图如图5.1所示。

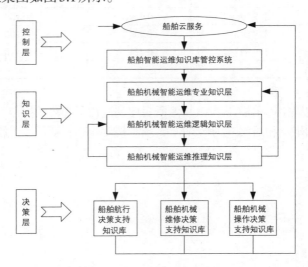

图5.1　船舶智能运维知识库框架图

5.1.1 控制层

控制层是智能运维知识库与外界进行信息交互的控制中心，接收外界的请求，并调用知识库中的逻辑推理功能，对请求进行分析和处理，并将处置结果通过云服务器的接口返还给请求端口。

5.1.2 知识层

知识层是智能运维知识库的核心，由船舶机械智能运维专业知识层、船舶机械智能运维树形知识层和船舶机械智能运维推理知识层三部分组成。

"船舶机械智能运维专业知识层"采用扁平化的模式收录船舶机械智能运维相关的专业知识，信息分类标识和存储，提供双模式识别编码，便于计算机的处理及使用人员甄别。知识点包括文字、图片、音频、视频等方面的信息，根据信息的功能和用途的不同特性，分类编码和存储。

"船舶机械智能运维树形知识层"根据船舶系统设备的物理关系、能量关系和逻辑关系构建出以船舶系统设备为节点的树形船舶机械智能运维知识层。每一个树形结构由一个根节点和与其关联的子节点构成，可以完成一个独立的功能。满足船舶航行、各自作业及人员生活的操作都由一个节点或与其子节点共同完成，节点的状态由其包含的所有子节点的状态共同决定。

"船舶机械智能运维推理知识层"是智能运维知识库的核心部分，是演绎推理、归纳推理和类比推理等方法的智能综合，实现船舶运维需求的自适应和自学习输出，满足不同用户和不同对象的需求。

对于每一个船舶机械智能运维知识的查询需求，由三个知识层相关信息智能组合，包括专业知识层信息的智能提取、树形知识层的智能过滤和推理知识层的智能推理，能确保输出智能运维知识更精简的同时更加准确。同时，随着知识库的不断使用，推理知识层的自适应和自学习的功能将会不断完善知识库推理层逻辑和智能推理的智能化程度，智能运维知识库智能水平会随着使用不断提升。

5.1.3 决策层

决策层是智能运维知识库决策信息的输出和推送端口，由控制层接收的外部请求，经过知识层的推理和知识筛选后，形成标准的决策信息，并通过决策层端口输出或推送决策信息。决策层信息由船舶航行决策支持信息、船舶机械维修决策支持信息和船舶机械操作决策支持信息构成。

5.2 船舶智能运维信息构成

船舶智能运维信息由船舶机械设备描述信息、船舶机械设备属性信息和船舶机械设备决策支持信息三部分组成，其组成如图5.2所示。

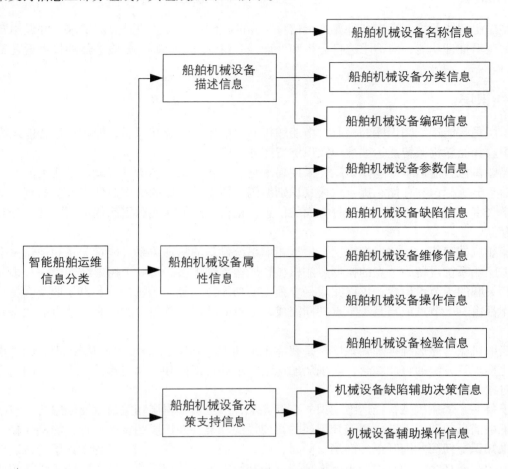

图5.2 船舶智能运维信息组成框图

5.2.1 船舶机械智能运维的专业（专家）知识层

根据船舶机械智能运维的需求和相互关系，考虑到各自的特性、分类和功能聚类特性，把具有一种或一类独立结构，或独立功能，或独立特性，或独立需求的个体或知识点称为一个节点，并赋予每个节点一个32位的唯一识别码（Marine machinery Unique Identifier），称为MUID码。此MUID码为每一个船舶机械智能运维专业知识层的知识点提供了唯一的一个识别标识，可用于树形知识层和推理知识层对船舶机械智能运维专业知识查询的唯一主键。

为方便使用者识别和使用智能运维知识层的知识，同时为每个节点编制一个由字母和数字组合而成的标准编码，此编码除用于支持智能运维知识库内部的模型或算法调用外，还支持与智能运维知识库进行交互的各种智能系统、智能设备及人工智能系统与智能运维专业层进行信息交互。

根据船舶机械及其在船舶运维中起到的作用和相互关系，船舶智能运维专业知识层每个节点都包含：名称、类型、参数、备件、操作、维修、故障、检验等八个方面的属性信息，

94

其相互关系如图5.3所示。

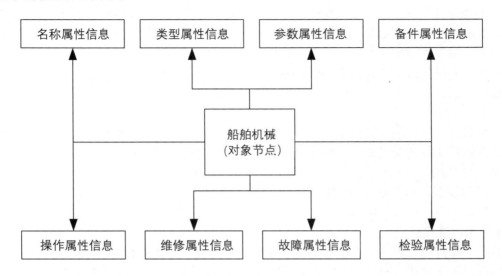

图5.3　船舶机械智能运维的专业（专家）知识层构成框图

船舶可以看成是一个由多个具有一定从属关系的"机械节点"构成，这里的机械是广义上的机械，只要具有独立的特性都可以称为一个船舶机械节点。比如：机械可以是一个具有独立功能的设备，如柴油机、空压机等；也可以是多个具有不同功能的机械组成的能够完成一定功能的系统，如燃油供给系统、海水系统、润滑油系统等；还可以是一个具有独立维修功能的部件，如：轴承的下瓦、缸头密封圈等。

船舶机械节点及其属性都由两方面的信息组成：一方面为标准的描述信息，包括标准的中文描述、标准的英文描述、标准的中文描述简称、标准的英文描述简称；另一方面为特性描述信息，包括图片信息、符号信息、音频信息、视频信息等方面。

1. 名称属性信息

节点的名称属性信息给出了每个节点的标准描述，包括标准的中文描述及简称、标准的英文描述及简称；还根据需要给出了标准的图片、音频和视频等信息。为系统和用户提供了标准的输出包括界面文字输出、声音输出、图片输出和视频输出。

2. 类型属性信息

节点的类型属性信息给出了每个节点的标准分类描述，提供了分类的标准中文描述及简称、标准的英文描述及简称；还根据需要给出了分类的标准的图片、音频和视频。为系统和用户指定标准的类型输出，包括界面文字输出、声音输出、图片输出和视频输出。同时进行知识运算时，提供了分类计算的识别标识，便于船舶机械智能运维的处理。

3. 参数属性信息

节点的参数属性信息给出了每个节点标准的参数构成，提供了参数的标准中文描述及简称、标准的英文描述及简称，提供了系统和用户标准的参数输出。在进行智能运维知识运算时，给出了节点参数的物理识别依据，便于复杂运算的变量赋值和规范管理，提高模型的可读性和互动性，方便模型及其核心算法的继承和使用。

4.备件属性信息

节点的备件属性信息给出了每个节点标准的备件构成，提供了备件的标准中文描述及简称、标准的英文描述及简称；还根据需要给出了备件的标准图片、音频和视频。为系统和用户指定标准的备件输出，包括界面文字输出、声音输出、图片输出和视频输出。在进行船舶机械维护保养操作过程中，提供每个机械节点备件的存量、消耗、订购、厂家、适用及备件的安装和调试的相关信息，方便用户和操作者对节点备件的查询、分析和使用。

5.操作属性信息

节点的操作属性信息给出了每个节点标准的操作构成，提供了操作的标准中文描述及简称、标准的英文描述及简称；还根据需要给出了操作的标准图片、音频和视频。为系统和用户指定了标准的操作输出信息，包括操作的界面文字输出、声音输出、图片输出和视频输出。在进行船舶机械维护操作过程中，提供每个机械节点标准的操作信息，包括操作的程序、方法、作用、危害、影响。

6.维修属性信息

节点的维修属性信息给出了每个节点标准的维修构成，提供了维修的标准中文描述及简称、标准的英文描述及简称；还根据需要给出了维修的标准图片、音频和视频。为系统和用户制定了标准的维修输出信息，包括维修的界面文字输出、声音输出、图片输出和视频输出。在进行船舶机械维修过程中，为每个机械节点提供标准的维修信息，包括维修的程序、方法和流程等。方便用户查询和使用，以及自我学习和培训。

7.故障属性信息

节点的故障属性信息给出了每个节点标准的故障构成，提供了故障的标准中文描述及简称、标准的英文描述及简称；还根据需要给出了故障的标准图片、音频和视频。为系统和用户制定了标准的故障输出信息，包括故障的界面文字输出、声音输出、图片输出和视频输出。在监测船舶机械运维的工作状态过程中，为每个机械节点提供标准的故障信息，包括故障的危害、原因和处置方法。

8.检验属性信息

节点的检验属性信息给出了每个节点标准的检验信息构成，提供了检验的标准中文描述及简称、标准的英文描述及简称；还根据需要给出了检验的标准图片、音频和视频。为系统和用户制定了标准的检验输出信息，包括检验要求和结果的界面文字输出、声音输出、图片输出和视频输出。在日常的船舶机械维护保养过程中，为每个机械节点提供标准的机械设备检验信息，包括检验的范围、时限和要求。

5.2.2 船舶机械智能运维的树形知识层

船舶的航行和各种作业都是由机械设备或其组合构成具备特定功能的不同系统来实现的，比如燃油供给系统提供船舶主机、副机和锅炉的燃油供应；船舶消防系统提供船舶发生火警时的灭火功能；备件管理系统提供船舶系统设备备件的消耗、申请和接收等功能。组成具有特定功能的系统的机械设备间具有特定的关联关系，有物理的连接关系：机械连接信息；功能的连接关系：备件关系信息、维保关系信息、船检关系信息、故障关系信息和船修关系信息等。其相关关系如船舶机械智能运维关系信息图如图5.4所示。

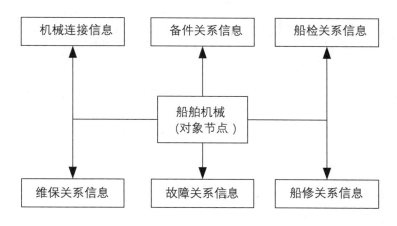

图5.4 船舶机械智能运维关系信息图

1.机械连接信息

船舶的系统设备由多个机械节点构成，根据系统设备完成的功能不同，其工作特性也不同，因此，其机械节点的组成方式和连接关系也不同。本书借助"专业知识层"编制的机械节点的MUID编码，建立了节点间的父子对应关系，构建出每个系统或设备的机械连接关系，进而构建出全部船舶所有节点（设备）的树形关系图。为了方便用户的使用和辨识，根据每个树形图的关联关系，还为每个机械节点编制一个由字母加数字构成的标准识别码。

2.备件关系信息

船舶机械备件的关系信息为备件的动态信息，主要包括船舶机械备件的责任人、库存数量、存放地点、消耗预测和订购提示等。

3.船检关系信息

船舶机械船检关系信息为船舶检验的动态信息，主要包括船舶机械的检验责任人、上次检验的时间、地点、结果，以及下次检验的种类和时间等信息。

4.维保关系信息

船舶机械维保是指维持船舶系统设备的正常功能所执行的必要的日常维护保养。维保关系信息为船舶维保的动态信息，主要包括船舶机械的维保责任人、上次维保时间、结果等，及下次维保的类别及时间。

5.故障关系信息

船舶机械故障关系信息为船舶故障的动态信息，主要包括船舶机械故障的危害、原因、修理等。

6.船修关系信息

船舶机械的船修关系是指按照船舶机械的特性和维修周期所进行的定期或视情条件下的检修。船修关系信息为船舶船修的动态信息，主要包括船舶机械的责任人、修理计划、上次船修时间、类型（厂修、自修）、地点（船厂/船坞）和结果等。

5.2.3 船舶机械智能运维的推理知识层

图5.5为船舶机械智能运维推理知识层框图。

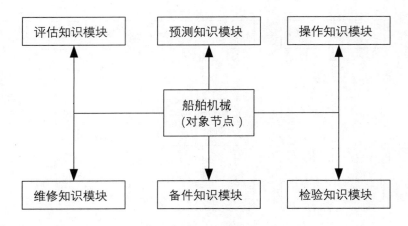

图5.5　船舶机械智能运维推理知识层框图

　　为了实现船舶机械智能运维决策知识输出的智能化，需要对船舶机械的健康状态进行实时的分析、判定和推理等处置，这些处置过程可实现智能运维知识的有序输出，使其具有自学习和自适应功能。处置模块主要包括：评估知识模块、预测知识模块、操作知识模块、维修知识模块、备件知识模块和检验知识模块，如图5.5所示。

　　1.评估知识模块

　　船舶机械智能运维推理知识层的评估知识模块，借助对应专业知识层和树形知识层的属性信息和设备的数据感知，根据系统的运行设置和用户的输出需要，对船舶机械的运行状态进行评估，评估结果以优良中差和百分制的原则给予保存或实施点对点的推送。评估知识模块的功能相对独立，可接受远程的设置、控制和升级等方面的操作。

　　2.预测知识模块

　　船舶机械智能运维推理知识层的预测知识模块，借助对应专业知识层和树形知识层的属性信息和设备运行参数，并依据评估知识模块的评估结果，根据系统设置，实施对船舶系统设备的属性参数的趋势分析和预测、机械设备剩余运行寿命的预测和健康状态的预测。预测知识模块的功能相对独立，接受远程设置、控制和升级等方面的操作。

　　3.操作知识模块

　　船舶机械智能运维推理知识层的操作知识模块，依据系统设备的评估知识模块的评估结果和预测知识模块的预测结果，结合机械专业知识层和树形知识层的属性信息，推送或实施对机械的操作决策或执行自主操作。操作知识模块的功能相对独立，接受远程的设置、控制和升级等方面的操作。

　　4.维修知识模块

　　船舶机械智能运维推理知识层的维修知识模块，依据船舶或设备的年限、航行海域的气象海况信息、设备评估知识模块的评估结果、预测知识模块的预测结果，结合船舶机械专业知识层和树形知识层的属性信息，推送或实施船舶机械的维修决策。维修知识模块的功能相对独立，接受远程的设置、控制和升级等方面的操作。

　　5.备件知识模块

　　船舶机械智能运维推理知识层的备件知识模块，依据评估知识模块的评估结果、预测知识模块的预测结果和最新的备件供应和运送信息，结合船舶机械专业知识层和树形知识层的属性信息，推送或接收船舶机械包括备件的消耗、申请和订购的决策信息。备件知识模块的功能相对独立，接受远程的设置、控制和升级等方面的操作。

6.检验知识模块

船舶机械智能运维推理知识层的检验知识模块，依据评估知识模块的评估结果、预测知识模块的预测结果和最新的国际公约和港口国规定，结合船舶机械专业知识层和树形知识层的属性信息，推送或实施船舶机械的检验决策。检验知识模块的功能相对独立，接受远程的设置、控制和升级等方面的操作。

5.3　船舶智能运维信息编码

船舶智能运维体系的机械设备信息集成编码由两部分组成，即节点编码和属性编码（全码=节点编码+属性编码），两部分之间采用"；"分隔，不同属性编码之间采用"–"分隔。节点编码由前缀和序号构成，中间由"."分隔；属性编码由前缀和属性分类和属性信息构成，中间由"."分隔。标准编码的表现形式如图5.6所示。

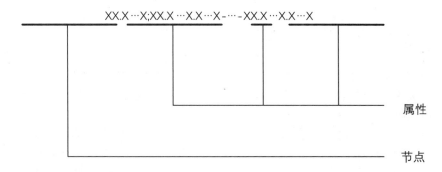

图5.6　标准编码的表现形式

5.3.1　节点编码

节点编码用来标识唯一系统、设备、组件、部件等独立功能的实体。

构成：前缀码ND+节点码，节点编码结构如图5.7所示。

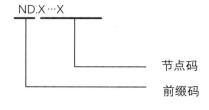

图5.7　节点编码结构

前缀码为节点"NODE"的缩写"ND",任一系统、设备、组件、部件等独立功能的实体均赋予一个节点码,节点码按顺序编写,首位不允许为"0",无位数限制。

示例1:柴油机节点码可表示为"ND.1",其中"1"仅为举例使用,节点码可在此规则下按顺序编写。

示例2:轴瓦节点码可表示为"ND.109",其中"109"仅为举例使用,节点码可在此规则下按顺序编写。

5.3.2 属性编码

属性编码由多段"属性信息"组成,属性信息的段数不设上限,可以根据实际需要扩充,每段由"–"分隔。

5.3.2.1 类型编码

类型编码用来区分不同的节点类型,类型编码结构如图5.8所示。

构成:前缀码+类型码+类别码:

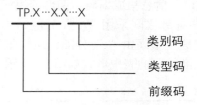

图5.8 类型编码结构

前缀码为"TYPE"的缩写为"TP"。类型码为不同分类方式下的类型。类别码表示不同分类方式。类型码和类别码均按顺序进行编写,首位不允许为"0",无位数限制。无类别区分时,类别码可不编写。

示例:如"柴油机"这一节点类型可以通过不同类别进行分类,第一种类别可以通过工作原理分类,类别码标识为"1","二冲程"类型码为"1","四冲程"类型码为"2",则"二冲程柴油机"这一节点类型可表示为"TP.1.1","四冲程柴油机"这一节点类型可表示为"TP.2.1"。

5.3.2.2 参数编码

参数编码用于标识节点的关联参数,参数编码结构如图5.9所示。

构成:前缀码+位置码+类型码+量纲码。

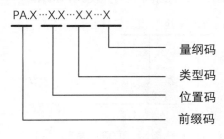

图5.9 参数编码结构

前缀码为"PARAMETER"的缩写"PA"。位置码表示不同参数的指向位置。类型码为不同参数的类型;量纲码为不同类型参数的量纲。位置码、类型码和量纲码均按顺序编写,首位不允许为"0",无位数限制。

示例:如"泵"这一节点的"进口压力"参数,其"进口"位置码为"1","压力"类型码为"1",压力单位"bar",量纲码为"1",则"泵进口压力"这一参数可表示为"PA.1.1.1"。

5.3.2.3　生产厂家编码

生产厂家编码用于标识节点的生产厂家,生产厂家编码结构如图5.10所示。
构成:前缀码+厂家代码。

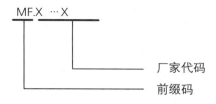

图5.10　生产厂家编码结构

前缀码为"MANUFACTURER"的缩写"MF"。厂家代码为生产厂家的统一社会信用代码。

示例:如"柴油机"这一节点是由某柴油机厂生产,则其生产厂家代码为"MF.123456789M"。

5.3.2.4　功能编码

功能编码用于标识节点在船上完成的功能,功能编码结构如图5.11所示。
构成:前缀码+功能码+类别码。

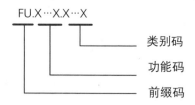

图5.11　功能编码结构

前缀码为"FUNCTION"的缩写"FU"。功能码表示节点完成的功能。类别码表示不同的功能类别区分。功能码和类别码均按顺序编写,首位不允许为"0",无位数限制。无类别区分时,类别码可不编写。

示例:如"柴油机"这一节点完成的功能可按"使用功能"这一类别区分,类别码为"1","主推进"功能码为"1","发电用"功能码为"2",则主推进柴油机功能编码可为"FU.1.1"。

5.3.2.5　缺陷编码

缺陷编码用于标识节点存在的缺陷或故障，缺陷编码结构如图5.12所示。

构成：前缀码+缺陷码+类别码。

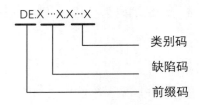

图5.12　缺陷编码结构

前缀码为"DEFECT"的缩写"DE"。缺陷码表示节点存在的缺陷或故障。类别码表示不同的缺陷或故障类型。功能码和类别码均按顺序编写，首位不允许为"0"，无位数限制。无类别区分时，类别码可不编写。

示例：如"柴油机"这一节点的缺陷可按"功能性缺陷或故障"或"结构性缺陷或故障"等类别区分，类别码分别为"1""2"，"功能性故障"包括"转速高"这一缺陷或故障，缺陷码为"1"，则"柴油机转速高"为"DE.1.1"。

5.3.2.6　操作编码

操作编码用于标识对节点的操作动作，操作编码结构如图5.13所示。

构成：前缀码+操作码+分类码。

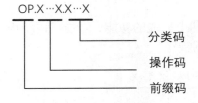

图5.13　操作编码结构

前缀码为"OPERATION"的缩写"OP"。操作码用于标识对节点的操作。类别码表示不同的操作类型。操作码和类别码均按顺序编写，首位不允许为"0"，无位数限制。无类别区分时，类别码可不编写。

示例：如"柴油机"这一节点的操作可按"按程序"或"手动"等类别区分，类别码分别为"1""2"，"加速"，操作码为"1"，则"柴油机按程序加速"为"OP.1.1"。

5.3.2.7　维修编码

维修编码用于标识对节点的维修动作，维修编码结构如图5.14所示。

构成：前缀码+操作码+分类码。

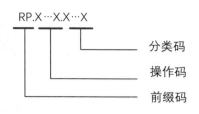

图 5.14　维修编码结构

前缀码为 "REPAIR" 的缩写 "RP"。维修码用于标识对节点的维修。类别码表示不同的维修类型。维修码和类别码均按顺序编写，首位不允许为 "0"，无位数限制。无类别区分时，类别码可不编写。

示例：如 "滤器" 这一节点的操作可按 "自动" 或 "手动" 等类别区分，类别码分别为 "1" "2"……，"清洗" 维修码为 "1"，则 "滤器自动清洗" 为 "RP.1.1"。

5.4　船舶智能运维知识库管理系统介绍

船舶智能运维知识库管理系统由机械设备组成信息模块、船舶系统设备信息模块和船舶系统设备辅助决策信息管理模块三部分组成。其中 "机械设备组成信息模块" 是基于智能运维知识库中专业知识层的信息管理模块，用于编辑和管理各类船舶机械设备的专业知识信息，编辑的方式包括信息的输入、信息的修改和信息的删除等三种，编辑的信息类型包括文本、图片和多媒体等；"船舶系统设备信息模块" 是基于智能运维知识库中树形知识层的信息管理模块，用于船舶机械设备的逻辑信息、评估信息和决策信息的编辑和管理；"船舶系统设备辅助决策信息管理模块" 是基于智能运维知识库中推理知识层的信息管理模块，用于船舶机械设备的数据信息、状态信息和决策信息的数字化处置。

5.4.1　机械设备组成信息

"机械设备组成信息" 模块可以实现机械设备的描述信息、属性信息和辅助决策信息的编辑和管理。

1. 设备组成信息的管理

"设备组成信息的管理" 模块可以实现机械设备（又称节点）的描述（名称）信息、图片信息和帮助（说明/学习）信息的编辑和管理。其界面如图 5.15 所示。

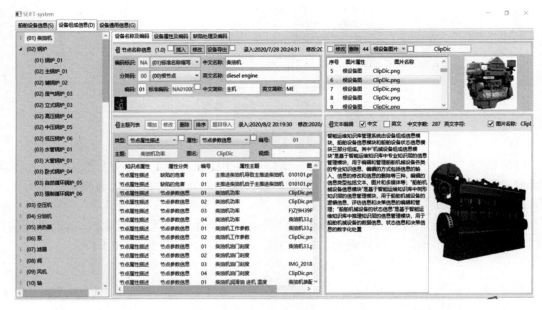

图5.15　设备组成信息管理界面

（1）设备描述信息

船舶设备由于生产厂家的不同，设备的描述信息会存在很多差异，给用户使用带来诸多不便，为此，系统为每个船舶设备提供了一组标准的描述信息，描述信息由中文名称、英文名称、中文简称和英文简称四种形式构成，依据上一节的编码规则给出一组标准的编码作为该设备的识别码。描述信息的四种形式可方便用户在不同场景中使用。

（2）设备的图片信息

船舶设备在不同的使用场景中，表现的侧重点不同，为此，系统为每个船舶设备提供包含不同属性信息的图片资源，每个图片可反映设备的不同属性，如设备的外观属性、缺陷属性、操作属性、维修属性和检验属性等。设备的图片信息是设备的共享信息，在编制设备的操作程序、维修规划、检验方法和备件申购时可重复使用。

（3）设备的帮助信息

船舶设备在设计、制造、安装和使用过程中，具有不同的操作和使用规范或程序，系统提供设备以使用环节为中心的帮助信息编辑功能，目的是帮助使用者了解并熟悉设备的操作、维修、检验和故障分析。帮助信息包括：设备描述信息、设备属性信息、设备应用信息和设备测验信息等四方面，其中设备描述信息包括设备的工作原理、设备的组成结构、设备的常见故障和设备的适用与用途；设备的属性信息包括设备的参数信息、缺陷信息、维修信息、操作信息、检验信息、缺陷危害信息、缺陷原因信息、缺陷处理信息等。设备的属性信息在此仅具有查询功能，其编辑功能在"设备属性信息的管理"或"设备辅助决策信息的管理"模块中实施。设备的应用信息包括工业应用、科研应用和故障案例等，设备的测验信息是针对该设备的学习成果进行检验的内容，包括主观题和客观题两类。

2.设备属性信息的管理

"设备属性信息的管理"是设备属性信息的编辑模块，包括设备的参数、缺陷、操作、维修和管理等属性信息。可实现设备属性的描述信息、图片信息和帮助信息的管理。设备属性信息管理界面如图5.16所示。

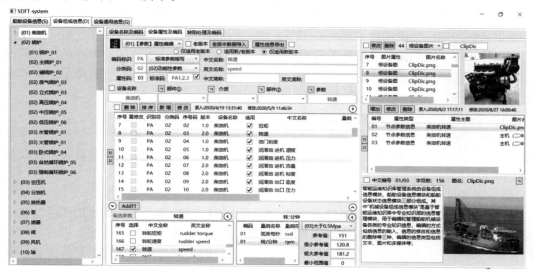

图5.16　设备属性信息管理界面

（1）设备属性描述信息

船舶设备属性描述信息由中文名称、英文名称、中文简称和英文简称四种形式构成，并依据上一节的编码规则给出一个标准的编码作为该设备的识别码。描述信息的四种形式可方便用户在不同的场景中使用。

①参数信息

参数信息是设备的基本属性信息，根据参数的类型和特性，可分为通用性参数、功能性参数、结构性参数、操作性参数四类。通用性参数一般用于设备的操作、维修和检验等方面的说明和解释等环节，如工作参数、工作条件等；功能性参数反映设备完成规定功能的能力，是设备运行过程中重点监测的参数，如压力、温度、流量等；结构性参数一般反映设备及其部件的磨损或变型的程度，是更换设备或部件的依据，如间隙、磨损等；操作性参数反映设备的外在状态，如声音、振动等。

②缺陷信息

设备的缺陷信息是设备的基本属性信息之一，根据缺陷的类型及其影响，可分为一般缺陷、功能缺陷、结构缺陷和操作缺陷四类。一般缺陷仅给出了设备缺陷的定性特性，如设备异常、故障、损坏等；功能缺陷多与设备的功能参数关联，如设备温度高、设备出口压力低等；结构缺陷多指由于设备结构性的损坏引起的设备不同程度的损坏，如主机拉缸、咬缸等；操作缺陷多指错误操作或误操作设备引起的设备缺陷，如负荷高、转向错误等。

③操作信息

设备的操作信息是设备的基本属性信息之一，为了确保设备的安全可靠运行，需定期对设备进行检查和调整，可分为日常操作、参数调整和应急操作三类。日常操作多为设备运行参数的检查，如检查转速、检查润滑油进口压力等；参数调整是指根据设备的运行条件和模式，改变设备的功能参数的设定值，如调高油门刻度、调低海水泵的转速等；应急操作是指设备发生临时故障，为使其恢复功能所采取的操作，比如机旁停车、紧急制动等。

④维修信息

设备维修信息是设备的辅助属性信息之一，是指设备在运行期间发生故障或由于设备的正常磨损导致的周期性的部件损坏时，需要采取的恢复设备功能的维修操作，可分为定期维修和事故性维修。定期维修是指为确保设备的正常运行而对设备采取的周期性的检修操作，如主机吊缸、更换润滑油等；事故性维修是指计划外维修，通常设备发生故障后，对其进行相应的维修。

⑤检验信息

设备检验信息是设备的辅助属性信息之一，是指根据规范或设备生产厂的规定所采取的对设备性能进行测试、检测和验证的操作，可分为一般性检验、记录性检验和操作性检验三类。

（2）设备属性图片信息

设备属性图片信息根据设备属性的特征及特点，提供反映设备不同属性的图片信息。图片信息由图片属性和图片名称组成，图片的属性与设备的参数、缺陷、维修、操作和检验等属性关联，图片的名称为包含扩展名的图片文件全名，图片文件全名可根据图片的特征和属性命名，方便使用者使用。

图片可通过图片文件和剪切板两种方式录入系统中，录入的图片可对图片属性和名称进行修改，对重复或损坏的图片可通过删除键从系统中移除。

（3）设备属性帮助信息

设备的每一个属性提供一条辅助说明信息，借助图片和文字相结合的模式，对设备的属性的含义进行详细的解释和说明。帮助信息中的图片来源于设备录入的图片，可根据需要进行更换或删除，帮助信息中的文字信息分为中文和英文。

3.设备辅助决策信息的管理

"设备辅助决策信息的管理"是设备辅助决策信息的编辑模块，包括缺陷危害、缺陷原因和缺陷处理等信息。可实现设备辅助决策的描述信息、图片信息和帮助信息的管理。设备辅助决策信息管理界面如图5.17所示。

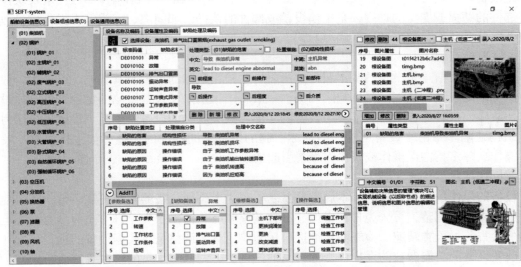

图5.17 设备辅助决策信息管理界面

船舶设备辅助决策的描述信息由中文名称、英文名称、中文简称和英文简称四种形式构成，可方便用户在不同的场景中使用。

①缺陷的危害信息

根据设备缺陷危害的类型和程度，缺陷的危害信息可分为参数值异常、结构性损坏和功能性丧失三类。参数值异常是设备的运行参数值与正常值偏离，其原因可能是设备运行环境条件的改变或设备损坏导致，如主机排温高、主海水泵出口压力低等；结构性损坏是指引起设备或设备的主要部件损坏，如过度磨损、裂纹等；功能性丧失是设备无法完成规定的功能，表现为设备无法正常使用或运行、增压器损坏等。

②缺陷的原因信息

根据导致设备缺陷的因素不同，缺陷的原因信息可分为操作错误、参数错误和保养不及时等。操作错误多指由于错误的使用设备所致，如操作方法或操作程序不当等；参数错误是指错误地设置了设备的运行参数值或工作模式；保养不及时是指对于周期性维护或更换备件的设备，没能及时实施维护保养所引起的设备工作异常。

③缺陷的处理信息

缺陷的处理信息是指根据引起设备缺陷的原因，采取的针对性的处置措施或方法，可分为按程序操作、调整参数值、按时保养等。

5.4.2　船舶系统设备信息模块

船舶动力装置是由满足船舶航行、生产、生活和人员安全的动力系统和辅助系统构成，而设备是组成动力系统和辅助系统的基本单元。组成船舶系统或子系统的设备间具有一定的从属关系，共同构成了系统中设备的逻辑关系，实现各自的功能输出。

船舶系统设备信息模块构建的仅仅是设备在不同船舶系统中的逻辑关系，系统或子系统中涉及的信息全部来源于底层的机械设备，在选取设备后，设备的属性信息和辅助决策信息同时被构建设备所继承。此种船舶系统设备信息构建模式方便设备信息的管理和不同船舶间信息的交互和同步。

船舶系统设备信息模块包括船舶系统设备描述信息模块、健康信息模块和状态信息管理模块三部分组成。

1.船舶系统设备描述信息模块

船舶动力装置由多个系统组成，每个系统完成一项或多项功能，共同为船舶的航行、作业、安全和人员生活等方面服务。船舶各系统的构成为树形结构，其组成如图5.18所示。

构成船舶动力装置的机械设备又被称为节点，每个节点定义了一个UUID，每个节点的从属关系通过父节点（Parent Node）确定，这样一个系统—子系统—设备的树形关系图就确定了。

树形关系图确定了每个设备的物理位置及相互关系的同时，也确定了每个设备的健康状态、辅助决策、操作管理、维修等方面的关系，方便船舶系统设备的故障甄别和逻辑推理。船舶系统设备树形关系图也是配置系统设备健康信息和辅助决策信息的根

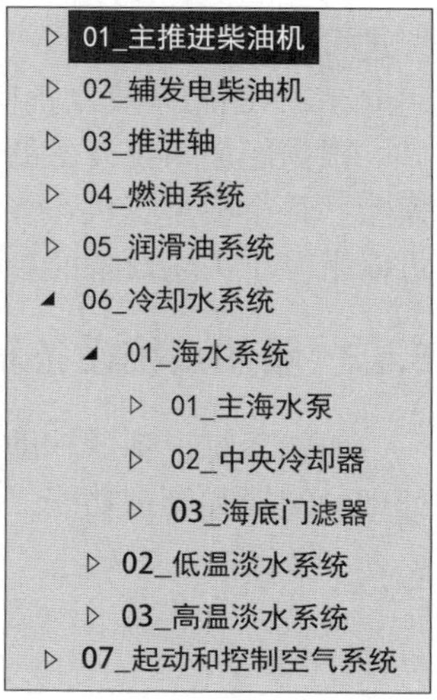

```
▷  01_主推进柴油机
▷  02_辅发电柴油机
▷  03_推进轴
▷  04_燃油系统
▷  05_润滑油系统
▲  06_冷却水系统
   ▲  01_海水系统
      ▷  01_主海水泵
      ▷  02_中央冷却器
      ▷  03_海底门滤器
   ▷  02_低温淡水系统
   ▷  03_高温淡水系统
▷  07_起动和控制空气系统
```

图5.18　船舶系统设备树形关系图

节点，便于对船舶设备信息的规范化管理和数字化应用。

2.船舶系统设备健康信息模块

船舶系统设备的健康信息管理模块由船舶系统设备参数信息管理和模型信息管理两项功能组成，舶系统设备健康信息管理界面如图5.19所示。

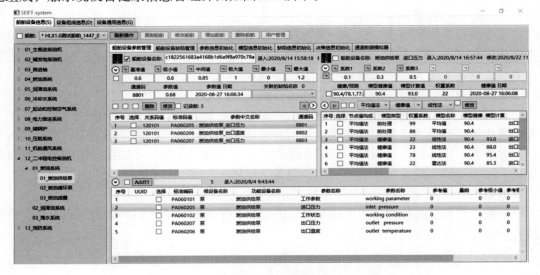

图5.19 船舶系统设备健康信息管理界面

船舶系统设备描述信息来源于底层的机械设备，本模块从底层选取设备后，其描述信息被选择并显示在前台，相关描述信息在此不能修改，仅可以编辑设备的使用序号（比如NO.1/NO.2），可编辑项仅为设备的参数的相关属性。

（1）船舶系统设备参数信息管理

从树形结构选定设备后，其关联的参数属性信息列表将被显示在界面下方，操作者可通过勾选框的选择及添加操作，添加参数信息到当前船舶设备的参数列表中。添加后的参数信息中的基准值、极限值、中间值、极大值、最小值、最大值和通道码可以根据船舶的实际情况进行修改。

（2）船舶系统设备模型信息管理

根据船舶系统设备的健康、维修、操作和备件等方面的管理需要，可以配置多种类型的模型，每个模型提供6个系数，用于模型的控制。每个模型可以配置一个或多个参数，参数可以来源于关联设备的参数，也可以来源于船舶其他的系统设备的参数。

5.4.3 船舶系统设备辅助决策信息管理模块

船舶系统设备的辅助决策信息管理模块可实现节点的缺陷、缺陷危害、缺陷原因和缺陷处理的编辑和管理功能，船舶系统设备辅助决策信息管理界面如图5.20所示。

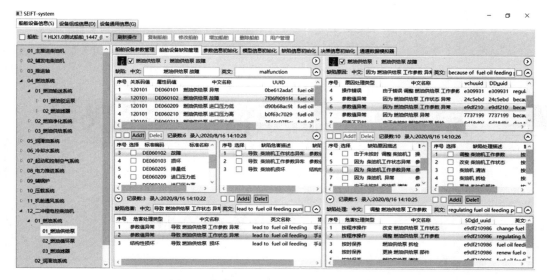

图5.20 船舶系统设备辅助决策信息管理界面

（1）缺陷信息的选择

通过船舶设备的树形图选择设备后，与该设备关联的缺陷信息就被显示在对应的列表中，用户可以根据船舶初始化的实际需要，选择相应的缺陷信息。当缺陷信息被选择后，底层设备库中与其关联的缺陷危害、缺陷原因等处理信息就被添加到了初始化船舶对应的设备中，被添加的相关信息在模块中不能够被修改。

（2）缺陷辅助信息编辑

缺陷的辅助决策信息包括缺陷的危害、原因和处理信息三部分。在船舶设备缺陷列表中选择缺陷信息后，对应的辅助决策信息（维护、原因、处理）被分别显示在对应的列表中，用户可以根据初始化船舶的实际情况，增加或删除辅助决策信息。

第6章　船舶智能运维决策

6.1　智能运维决策理论概述

智能运维决策作为现代船舶运维管理的核心组成部分，融合了决策科学与人工智能技术的精髓，旨在通过构建智能化的运维决策系统，自动化、精准化地完成复杂的运维决策任务。这一理论不仅继承了传统决策理论中的系统性、科学性和逻辑性，还赋予了决策过程以智能化、实时化和自适应的能力。

智能运维决策是结合大数据、物联网、人工智能等先进技术，针对复杂运维场景提出的一种新型决策模式。智能运维决策旨在通过智能化手段，实现对运维过程中各种数据的深度挖掘与分析，从而精准预测潜在问题、优化资源配置，并自动或半自动地制定并执行相应的运维策略。智能运维决策不仅可以提高船舶智能运维工作的效率，还可以显著提升决策的科学性和准确性，是现代运维管理的重要发展方向。

1.智能运维决策的基本原则

船舶智能运维决策作为提升船舶管理效率与安全性的重要手段，其制定与实施需严格遵循一系列基本原则，以确保决策的科学性、有效性和可行性。以下是船舶智能运维决策应遵循的五大基本原则：

（1）最优化原则

在船舶智能运维决策中，最优化原则要求智能运维决策系统在有限的资源条件下，追求船舶营运效益的最大化。这意味着决策需综合考虑成本、效率、安全等多个维度，通过智能算法和数据分析，找出能够实现船舶营运价值最大化的最优方案。在船舶运维中，这可能涉及维修计划的优化、航行路线的选择、能源消耗的降低等方面，以确保船舶运营的经济效益和环境效益达到最佳平衡。

（2）系统原则

船舶智能运维决策应视为一个系统工程，考虑决策环境中的所有相关因素及其相互作用。这包括船舶自身的机械系统、航行环境、船员管理、备件物料供应等多个方面。决策时应注重各因素之间的协调与平衡，确保决策方案在整体上对船舶运维系统产生积极的影响。通过系统集成和数据共享，实现船舶运维决策的全面性和系统性。

（3）信息准全原则

准确、全面的信息是船舶智能运维决策的基础。智能运维决策系统应充分利用现代信息技术，如物联网、大数据、云计算等，收集和分析船舶运维过程中的各种数据，包括机械状态、航行数据等。通过数据清洗、预处理和特征提取，确保决策依据的信息准确无误，为制定高质量的决策提供支持。

（4）可行性原则

船舶智能运维决策需考虑技术、经济和社会效益上的可行性。智能运维决策系统应评估决策方案在现有技术条件下的实施可能性，以及所需的经济投入和预期的社会效益。通过综合考量，选择既符合技术要求又经济合理，且能带来积极社会效益的决策方案。

（5）团队决策原则

面对船舶智能运维决策的复杂性和专业性，团队决策成为必要。决策者应组建由多领域专家组成的智囊团，包括机械工程师、航海专家、数据分析师等，共同对决策问题进行系统研究。通过方案论证、综合评估和模拟演练，提出切实可行的决策方案。团队决策能够汇聚多方智慧，提高决策的科学性和准确性，确保船舶智能运维决策的成功实施。

2.智能运维决策关键要素

具体来说，船舶智能运维决策应包含以下几个关键要素：

（1）数据采集与预处理：智能运维决策系统首先通过物联网技术全面收集船舶运行过程中的各类数据，包括但不限于设备状态、环境参数、运行日志等。随后，利用大数据处理技术对数据进行清洗、整合和预处理，确保数据的质量和可用性，为后续的智能决策提供坚实的数据基础。

（2）智能分析与预测：在获得高质量数据后，船舶智能运维决策系统运用机器学习、深度学习等人工智能技术，对数据进行深入分析，挖掘数据背后的规律和趋势；同时，基于历史数据和实时数据，构建预测模型，对船舶的未来运行状态进行精准预测，为决策提供科学依据。

（3）自主决策与优化：在智能分析与预测的基础上，船舶智能运维决策系统能够自主制定运维决策方案。这些方案包括但不限于设备和系统的操作与隔离、船舶维修计划和方案的制订、航行路线的优化、资源配置的调整、船舶检验指导与检查方案制定等。系统通过综合考虑成本、效益、安全等多个因素，运用优化算法对多个方案进行比较和排序，最终选择最优或满意的方案进行实施。

（4）实时执行与反馈：船舶智能运维决策系统不仅能够制定决策方案，还能够实时执行这些方案，并通过监控系统收集执行过程中的反馈信息。这些反馈信息包括执行结果、执行效率、执行过程中的异常情况等。系统根据反馈信息对决策效果进行评估，并根据需要对决策方案进行动态调整和优化，确保决策的持续有效性和适应性。

（5）知识学习与进化：船舶智能运维决策系统还具备知识学习与进化的能力。通过不断积累运维经验和数据，系统能够持续优化算法和模型，提高预测和决策的准确性。同时，系统还能从成功和失败的案例中学习，不断提升自身的智能化水平。

3.船舶智能运维决策的优势

相比传统的由人为进行决策的方式，船舶智能运维决策理论在现代运维管理中展现出了多方面的显著优势，这些优势不仅提高了运维效率与质量，还增强了系统的适应性和可靠性。

（1）提高决策效率：智能运维决策系统通过高度自动化的流程，实现了数据采集、处理、分析、预测及决策的全链条覆盖。这一过程极大地减少了人工干预，缩短了决策周期。系统能够即时响应运维需求，快速生成决策方案，确保系统在问题发生前或发生时迅速做出反应，从而显著提升了决策效率。

（2）提升决策质量：依托大数据处理能力和先进的人工智能算法，船舶智能运维决策系统能够深入挖掘运维数据的内在价值，揭示隐藏的模式、趋势和关联性。这种全面而深入的分析能力，使得系统能够制定出更加精准、科学的决策方案。相比人为决策可能存在主观性和局限性，智能决策更加客观、全面，有效提升了决策质量。

（3）降低人为错误：人为决策过程中，难免会受到经验、情绪、疲劳等多种因素的影响，导致判断失误或决策偏差。而船舶智能运维决策系统则基于预设的规则和算法进行决策，避免了人为因素的干扰。系统能够持续、稳定地执行决策流程，确保决策的客观性和准确性，从而显著降低了人为错误的风险。

（4）增强适应性：运维环境复杂多变，传统的固定决策模式往往难以应对各种突发情况。船舶智能运维决策系统则具备强大的自适应能力，能够根据实时数据和反馈信息动态调整决策方案。这种灵活性使得系统能够迅速适应运维环境的变化，确保决策的持续有效性和适应性。同时，系统还能通过不断学习和优化算法，进一步提升自身的适应性和智能化水平。

（5）提升资源利用率：船舶智能运维决策系统能够基于大数据分析，对运维资源进行科学合理的配置。通过预测未来运维需求、优化资源分配方案，系统能够确保资源的有效利用，避免资源浪费和过度投入。这种资源优化能力不仅降低了运维成本，还提升了整体运维效益。

（6）增强团队协作与沟通：船舶智能运维决策系统还能作为团队协作的平台，促进信息的共享与沟通。系统能够将决策结果、分析报告等关键信息实时推送给相关人员，确保团队成员对运维状况有清晰的认识和统一的理解。这种透明化的沟通机制有助于提高团队协作效率，减少误解和冲突。

4.船舶智能运维决策的功能实现

船舶智能运维决策功能是船舶智能运维体系框架的最终展现形式。对于轮机部而言，在船舶全生命周期的运行维护和管理中，智能运维决策主要实现的功能应至少包括系统设备的运行操作决策；船舶系统设备的维修与保养决策；维修资源（人员、油料、物料、备件等）的调度与优化决策；决策结果的评估和反馈等。本章内容在考虑安全性、可靠性、经济性等维修决策指标的基础上，主要针对船舶系统和设备的预防性维修决策、维修更换决策以及视情维修决策的相关维修理论和模型进行展开介绍。

6.2 基于时间的预防性维修决策

6.2.1 不可修系统的寿命更换策略

基于寿命的更换策略是预防性维修中最简单、最容易操作的一种策略。这种策略不考虑系统失效原因，适用于不可修设备和系统或者对可靠性、可用度要求较高的可修设备和系统（更换后送往后方维修）。

寿命更换策略定义为：预先设定一个预防性更换周期 T，若系统在 T 时刻前失效，则立刻对系统进行更换；若系统运行至 T 时刻而没有失效，则在 T 时刻时对系统进行预防性更换。寿命更换策略示意图如图6.1所示。

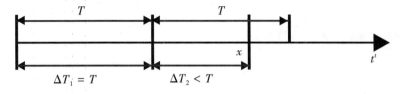

×：由失效引起的更换

图6.1　寿命更换策略示意图

两个连续更换之间的时间称为一个更换周期（replacement period），若已知系统的寿命分布函数 $F(t)$ 和密度函数 $f(t)$，则基于寿命的更换策略的平均替换间隔时间为：

$$MTBR(T) = \int_0^T tf(t)\mathrm{d}t + TP(t \geqslant T) = \int_0^T [1 - F(t)]\mathrm{d}t \tag{6.1}$$

显然，$MTBR(T)$ 总是小于 T，并且有：

$$\lim_{T \to \infty} MTBR(T) = \int_0^{+\infty} [1 - F(t)]dt = MTTF \tag{6.2}$$

因此，在一个长度为：的长时间间隔内，平均更换次数 $E[N()]$ 可以近似为：

$$E[N(t)] \approx \frac{t}{MTBR(T)} = \frac{t}{\int_0^T [1 - F(t)]\mathrm{d}t} \tag{6.3}$$

假定当系统无故障运行至寿命 T 时，一个预防性更换的成本为 c，而更换一个故障系统（在寿命 T 前）的成本为 $c + k$；其中成本 c 包括硬件费用和工时成本，而 k 为由非计划更换带来的额外成本，如故障造成的损失等，因此一个更换周期内的平均总成本为：

$$c + kP(t < T) = e + kF(T) \tag{6.4}$$

于是，更换周期内的单位时间成本为：

$$C_A(T) = \frac{c + kF(T)}{\int_0^T [1 - F(t)]\mathrm{d}t} \tag{6.5}$$

式中，令 $T \to \infty$，可得：

$$C_A(\infty) = \lim_{T \to \infty} C_A(T) = \frac{c + k}{MTTF} \tag{6.6}$$

这表明，当基于寿命的更换周期很长时，没有寿命更换发生，全部更换都是故障导致的修复性更换，更换成本为 $c + k$，平均替换间隔为 $MTTF$，因此，

$$\frac{C_A(T)}{C_A(\infty)} = \frac{c + kF(T)}{\int_0^T [1 - F(t)]\mathrm{d}t} \frac{MTTF}{c + k} = \frac{1 + rF(T)}{\int_0^T [1 - F(t)]\mathrm{d}t} \frac{MTTF}{1 + r} \tag{6.7}$$

可以作为基于寿命 T 更换策略成本效率的一个度量方法，式中 $r = k/c$，一个较低的比值表明

一个高的成本效率。

若一个系统服从韦布尔寿命分布，其尺度参数为 θ，形状参数为 β，要找到最佳的寿命更换策略 T^*，就必须找到使式（6.7）最小的 T 值，通过式（6.2）可以得到：

$$\frac{C_A(T)}{C_A(\infty)} = \frac{1 + r[1 - e^{-(T/\theta)^\beta}]}{\int_0^T e^{-(t/\theta)^\beta}\mathrm{d}t} \frac{\Gamma\left(\frac{1}{\beta} + 1\right)\theta}{1 + r} \tag{6.8}$$

若令 $z = T/\theta$，则式（6.8）可以写为：

$$\frac{C_A(x_0)}{C_A(\infty)} = \frac{1 + r(1 - e^{-x_0^\beta})}{\int_0^{x_0} e^{-x^\beta}\mathrm{d}x} \frac{\Gamma\left(\frac{1}{\beta} + 1\right)}{1 + r} \tag{6.9}$$

在确定形状参数 β 和比值 r 后，可以通过公式（6.9）求出 $C_A(x_0) / C_A(\infty)$ 最小的 x_0^*，进而可以求出最佳预防性更换时间为：

$$T^* = x_0^*\theta \tag{6.10}$$

6.2.2 可修系统的定周期预防性维修策略

基于寿命的替换是所有预防性维修中最简单、最易操作的一种策略，但在实际中，尤其在船舶设备和系统中采用这种策略的设备和系统不多。这是因为一方面船舶设备和系统大多是可修设备和系统；另一方面，对船舶上的大型设备和系统来说（例如，船舶主推进柴油机），其价格昂贵、拆装复杂，不适宜进行基于时间的寿命更换。对此类设备和系统一般开展定周期或不定周期的预防性维修来达到降低设备和系统故障率、提高其使用效率的目的。

一般而言，非周期性预防性维修更为灵活，理论上能得到更理想的结果，但不定周期的预防性维修在实际中往往结合视情维修进行，根据视情维修的状态监测结果确定预防性维修开展的时机，而视情维修对系统的状态信息要求较高，而且很多情况下系统的状态不可观或不完全可观，视情维修难以开展，所以周期预防性维修在实际中，尤其在船舶设备和系统的日常维护保养中，依然是一种主要的预防性维修方式。本节首先建立劣化设备和系统的定周期预防性维修模型，然后对预防性维修周期进行优化。

1.问题描述

对于劣化设备和系统的定期预防性维修，做如下假定：

（1）劣化设备和系统的故障率随时间上升，服从两参数韦布尔分布，故障率函数为 $\lambda(t) = \alpha\beta t^{\beta-1}$，式中 $\alpha > 1$，$\beta > 1$。

（2）系统采用定周期的预防性维修策略（N，T）进行预防性维修，即每隔时间 T 进行一次预防性维修，在其将要进行第 N 次预防性维修时进行更换，显然总的预防性维修次数为 $N - 1$，系统更新周期为 NT。

（3）预防性维修为不完全维修，即不能将系统修复如新，维修效果介于完全维修与最小维修之间。

（4）系统在预防性维修间隔期间若发生故障，则立即对其维修，假定维修效果为修复如旧（即最小维修），维修时间忽略不计。

（5）系统更换费用为 C_r，平均最小维修费用为 C_m，平均预防性维修费用为 C_p，并且 $C_p < C_r$。

周期预防性维修时序图如图6.2所示，其中"×"表示预防性维修间隔期间发生故障的时刻，系统更新周期为 NT，更新周期内进行了 $N-1$ 次预防性维修。

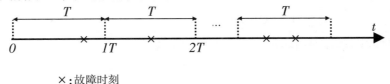

×:故障时刻

图6.2　周期预防性维修时序图

2. 比例回撤（Proportion Age Setback，PAS）维修模型

如上所述，在定周期预防性维修策略中，每次预防性维修的效果不完全的介于最小维修和完全维修之间，在此采用PAS模型对维修效果进行描述。PAS模型通过引入有效寿命来描述维修活动的影响，认为维修后设备和系统的寿命会有一定程度的恢复，恢复程度用系数 ξ 来表示，对于定周期预防性维修，更新周期内的PAS模型可以用图6.3来表示。

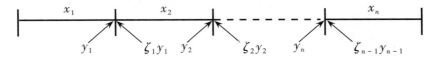

图6.3　更新周期内的PAS模型

PAS模型的相关参数定义如下：x_i 为第 $i-1$ 次预防性维修与第 i 次预防性维修期间系统的累积工作时间；y_i 为进行第 i 次预防性维修前系统经历的有效寿命；$\xi_i y_i$ 为第 i 次预防性维修后系统经历的有效寿命，式中 $0 < \xi_i < 1$ 为比例系数，表示维修后系统有效寿命会按一定比例回撤。

x_i 和 y_i 满足

$$y_i = x_i + \xi_{i-1} y_{i-1} \qquad\qquad (6.11)$$

式中，$i=1$，2，$\cdots$，N，$y_0=0$，显然有 $x_i=y_i$，即 $\xi_0 = 0$。

通过引入有效寿命可以更加准确地描述系统所处的真实寿命阶段。当 $\xi_i = 1$ 时，系统自上次预防性维修后累积的寿命被完全消除，有效寿命即为自然经历的日历时间，此时对应于最小维修。对于劣化设备和系统，认为预防性维修可以在一定程度上消除自然累积的寿命，但是随着设备和系统的日益劣化，预防性维修的效果变得越来越弱，因此在本例中假定PAS模型中的系数{ξ_i}满足 $0 = \xi_0 < \xi_l \leqslant \xi_2 \leqslant \cdots \leqslant \xi_n < 1$。

3. 系统运行期间的费用率

考虑劣化设备和系统从最初投入使用至最后被更换这样一个运行区间，当采用周期预防性维修时，$x_1 = x_2 = \cdots = x_n = T$，代入式（6.11）可得

$$y_i = T + \xi_{i-1} y_{i-1} \qquad\qquad i = 1, 2, \cdots, N \qquad (6.12)$$

由假定（4）可知，系统在预防性维修间隔期间的故障过程构成一个非齐次泊松过程，于是系统在被更换前所经历的总最小维修次数 Nm 为所有预防性维修间隔期间发生的故障数之和，可以表示为：

$$N_m = \int_0^{y_1} \lambda(t)\,\mathrm{d}t + \int_{\xi_{y_1}}^{y_2} \lambda(t)\,\mathrm{d}t + \cdots + \int_{\xi_{y_{N-1}}}^{y_N} \lambda(t)\,\mathrm{d}t$$

$$= \sum_{i=1}^{N} \int_{y_{i-T}}^{y_i} \lambda(t)\,dt \qquad (6.13)$$

$$= \alpha \sum_{i=1}^{N} \left[y_i^{\beta} - (y_i - T)^{\beta} \right]$$

系统运行期间的平均费用率 $C(N, T)$ 可以表示为：

$$C(N, T) = \frac{C_r + C_m N_m + (N-1)C_p}{NT} \qquad (6.14)$$

4.周期预防性维修策略的优化

（1）预防性维修周期 T 的确定

由前面的讨论可知，对于定周期预防性维修策略，y 可以表示为关于 T 的多项式，设 $y = C_i T$，则由式（6.12）可知，$C_1 = 1$，$C_2 = 1 + \xi_1$，$C_3 = 1 + \xi_2 + \xi_2 \xi_1$，更一般的有：

$$C_i = 1 + \xi_{i-1} C_{i-1} = 1 + \xi_{i-1} + \cdots + \xi_{i-1} \xi_{i-2} \cdots \xi_1 \qquad (6.15)$$

于是式（6.13）可表示为：

$$N_m = \alpha T^{\beta} \sum_{i=1}^{N} \left[C_i^{\beta} - (C_i - 1)^{\beta} \right] \qquad (6.16)$$

记 $S(N) = \sum_{i=1}^{N} \left[C_i^{\beta} - (C_i - 1)^{\beta} \right]$，则式（6.16）可表示为：

$$N_m = \alpha T^{\beta} S(N) \qquad (6.17)$$

则当 N 确定时，费用率 $C(N, T)$ 是关于 T 的函数，对 T 求偏导有：

$$\frac{\partial C(N, T)}{\partial T} = \frac{C_m \frac{\partial N_m}{\partial T}}{NT} - \frac{C_r + C_m N_m + (N-1)C_p}{NT^2} \qquad (6.18)$$

令 $\frac{\partial C(N, T)}{\partial T} = 0$，则有：

$$C_m \frac{\partial N_m}{\partial T} = C_r + C_m N_m + (N-1)C_p \qquad (6.19)$$

由式（6.17）可知，$\frac{\partial N_m}{\partial T} = \alpha \beta T^{\beta-1} S(N)$，代入式（5-19）可得：

$$T = \left[\frac{C_r + (N-1)C_p}{\alpha(\beta-1)C_m S(N)} \right]^{\frac{1}{\beta}} \qquad (6.20)$$

于是，当 N 确定时，通过式（6.20）可以得到最佳预防性维修间隔。

（2）预防性维修次数 N 的确定

上面讨论了当给定预防性维修次数时，如何确定最佳预防性维修间隔的问题。下面讨论当预防性维修周期 T 一定时，怎样确定最佳的预防性维修次数 N，首先证明下述定理。

定理6.1：当 $0 = \xi_0 < \xi_1 \leqslant \xi_2 \leqslant \cdots \leqslant \xi_n < 1$ 时，若 T 满足 $T^{\beta} < \dfrac{C_r - C_p}{\alpha C_m \left[(1 + \xi_1)^{\beta} - \xi_1^{\beta} - 1 \right]}$，则

存在 $N^* > 2$ 满足：

$$C(N^* + 1, T) \geqslant C(N^*, T), \quad C(N^* - 1, T) > C(N^*, T) \qquad (6.21)$$

证明：将式（6.17）代入式（6.14）可得，若要不等式（6.21）成立，则等价于下列两个不等式同时成立，且 $N > 2$：

$$\alpha NS(N+1)T^{\beta} - \alpha(N+1)S(N)T^{\beta} \geqslant \frac{C_r - C_p}{C_m} \tag{6.22}$$

$$\frac{C_r - C_p}{C_m} > \alpha(N-1)S(N)T^{\beta} - \alpha NS(N-1)T^{\beta} \tag{6.23}$$

记

$$L(N) = (N-1)S(N) - NS(N-1) \tag{6.24}$$

则不等式（6.22）和不等式（6.23）等价于

$$\alpha T^{\beta}L(N+1) \geqslant \frac{C_r - C_p}{c_m} > \alpha T^{\beta}L(N) \tag{6.25}$$

令

$$\begin{aligned} L(N+1) - L(N) &= N[S(N+1) - S(N)] - N[S(N) - S(N-1)] \\ &= N[C_{N+1}^{\beta} - (C_{N+S1} - 1)^{\beta}] - N[C_N^{\beta} - (C_N - 1)^{\beta}] \end{aligned} \tag{6.26}$$

因为 $\beta > 1$，$0 < \xi_1 \leqslant \xi_2 \leqslant \cdots \leqslant \xi_n < 1$，所以由式（6.15）可知，$1 = C_1 < C_2 < \cdots < C_{N-1}$。当 $x \geqslant 1$ 时，$x^{\beta} - (x-1)^{\beta}$ 单调递增，所以 $C_{N+1}^{\beta} - (C_{N+1} - 1)^{\beta} > C_N^{\beta} - (C_N - 1)^{\beta}$。

故 $L(N+1) - L(N) > 0$，$L(N)$ 单调递增，即 $L(N) > L(N-1) > \cdots > L(2)$，于是 $\alpha T^{\beta}L(N) > \alpha T^{\beta}L(N-1)$。

当预防性维修周期满足 $T^{\beta} < \dfrac{C_r - C_p}{\alpha L(2)C_m}$ 时，$[L(2) = S(2) - 2S(1) = (1+\xi_1)^{\beta} - \xi_1^{\beta} - 1]$，总可以通过调整 N 的值（且 $N > 2$），使得 $\dfrac{C_r - C_p}{C_m}$ 的值介于 $\alpha T^{\beta}L(N+1)$ 和 $\alpha T^{\beta}L(N)$ 之间，于是不等式（6.25）成立，进而不等式（6.21）成立，定理得证。

定理 6.1 证明了当预防性维修间隔满足一定条件时，在该间隔下设备和系统更换周期的费用率为 N 的凸函数，于是可以找到使费用率最低的 N^*，那么下面对任意给定的预防性维修间隔 T，应如何开展预防性维修进行探讨。

首先，注意到 $L(N)$ 单调递增，而当预防性维修周期不满足上述定理条件时结合不等式（6.25），即当 $\alpha T^{\beta}L(2) \geqslant \dfrac{C_r - C_p}{C_m}$ 时，有：

$$\alpha T^q L(N) > \cdots > \alpha T^{\beta}L(2) \geqslant \frac{C_r - C_p}{C_m} \tag{6.27}$$

此时，由不等式（6.22）和不等式（6.23）可知，下列不等式成立：

$$C(N, T) > \cdots > C(2, T) \geqslant C(1, T) \tag{6.28}$$

于是，当 $\alpha T^{\beta}L(2) \geqslant \dfrac{C_r - C_p}{C_m}$ 时，如果以 T 为周期进行周期预防性维修，其费用率会随着预防性维修次数的增加而增加，此时不进行预防性维修的费用率最低〔即在 T 时刻对设备和系统进行更换，对应于 $C(1, T)$ 策略〕。

（3）（1，T）策略中最佳更新周期 T 的确定

对于不需要进行预防性维修的情况，即直接采用更新策略（1，T）时，更新周期 T 满足

$T^\beta \geqslant \dfrac{C_r - C_p}{\alpha L(2) C_m}$ [式中 $L(2) = (1 + \xi_1)^\beta - \xi_1^\beta - 1$]，此时需要确定使周期运行费用率最低的最佳更新周期 T_r。

在（1，T）策略下，周期费用率 $C(T) = \dfrac{(C_r + C_m N_m)}{T}$，对 T 求偏导可得：

$$\frac{\partial C(T)}{\partial T} = \frac{\alpha(\beta - 1) C_m T^\beta - C_r}{T^2} \tag{6.29}$$

令偏导为零，可得 $(T^*)^\beta = C_r/[\alpha(\beta - 1)C_m]$。显然，对于给定的预防性维修周期 T：

①若 $(T^*)^\beta < \dfrac{C_r - C_p}{\alpha L(2) C_m} \leqslant T^\beta$，则增大更新周期会同时增大周期内费用率，最佳更新周期

为 $T_r = \left(\dfrac{C_r - C_p}{\alpha L(2) C_m}\right)^{\frac{1}{\beta}}$。

②若 $\dfrac{C_r - C_p}{\alpha L(2) C_m} \leqslant T^\beta < (T^*)^\beta$，则在区间 $[T, T^*]$ 费用率函数 $C(T)$ 单调下降，最佳更新周

期为 $T_r = T^* = \left[\dfrac{C_r}{\alpha(\beta - 1) C_m}\right]^{\frac{1}{\beta}}$。

因此，对于定周期预防性维修周期的选择可以得出以下结论，如图6.4所示，其中横轴表示预防性维修周期。

①若选定的预防性维修周期过小，则为了降低系统运行费用率，在系统更换之前需要进行频繁的预防性维修。

②若选定的预防性维修周期过大，则周期预防性维修策略是没有意义的，此时应当在达到预订周期后直接进行更换。

③选择合适的预防性维修周期有与之相对应的更换策略，即设备和系统在经过若干次预防性维修后发生故障时进行更换。

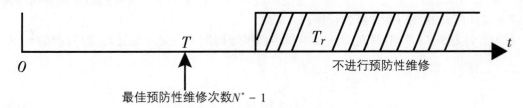

图6.4 不同预防性维修周期对维修活动的影响

至此可以看出，对于周期预防性维修，周期的选择至关重要，选定不同的预防性维修周期将制定不同的维修策略。同时应该注意，上述结论是在不考虑系统停机时间（即不考虑设备和系统的可用度），且假定预防性维修必定有效的情况下得到的。

6.2.3 可修系统的不定周期预防性维修策略

实际中不定周期的预防性维修的开展一般结合视情维修进行，根据状态观测结果确定预

防性维修的开展时机。但是，目前大多数船舶设备和系统还不具备视情维修开展的条件，或者状态观测结果不足以确定预防性维修时机，因此本节将不依据系统状态，而是根据维修活动对寿命的影响，对 PAS 模型的部分参数加以限定，在此条件下研究劣化设备和系统的不定周期预防性维修周期的计算问题。

1.问题及模型描述

参数假定与定周期问题类似，首先对研究的问题做如下假定：

（1）x_i 为第 $i-1$ 次预防性维修与第 i 次预防性维修期间系统的累积工作时间。

（2）y_i 为进行第 i 次预防性维修前系统经历的有效寿命。

（3）随着劣化的进行，预防性维修的效果越来越弱，即 PAS 模型中系数 $\{\xi_i\}$ 满足 $0 = \xi_0 < \xi_l \leqslant \xi_2 \leqslant \cdots \leqslant \xi_n < 1$。

当将要进行第 N 次预防性维修时对系统进行更换，维修时间忽略不计，则至第 N 次预防性维修时刻系统经历的时间为

$$T_L = \sum_{i=1}^{N} x_i = \sum_{i=1}^{N} y_i - \sum_{i=1}^{N} \xi_{i-1} y_{i-1} = y_N + \sum_{i=1}^{N-1} (1 - \xi_i) y_i \tag{6.30}$$

在此期间，系统经历的最小维修次数 N 为

$$N_m = \int_0^{y_1} \lambda(t)\,\mathrm{d}t + \int_{\xi_1 y_1}^{y_2} \lambda(t)\,\mathrm{d}t + \cdots + \int_{\xi_{r-1} y_{N-1}}^{y_r} \lambda(t)\,\mathrm{d}t = \sum_{i=1}^{N} \int_{\xi_{i-1} y_{i-1}}^{y_i} \lambda(t)\,\mathrm{d}t$$
$$= \alpha \sum_{i=1}^{N} [\, y_i^\beta - (\xi_{i-1} y_{i-1})^\beta \,] \tag{6.31}$$

系统运行期间的平均费用率 $C(N, y)$ 可以表示为：

$$C(N, y) = \frac{C_r + C_m N_m + (N-1) C_p}{T_L} \tag{6.32}$$

式中，$y = (y_1, y_2, \cdots, y_N)$

可以看出，不定周期的预防性维修问题决策变量为 N 和 y，即预防性维修次数和每次开展预防性维修的时刻，下面讨论如何选择参数使装备的周期费用率最低。

2.最佳预防性维修间隔的计算

当 N 给定时，要使周期费用率最低，预防性维修时刻需要满足：

$$\frac{\partial C(N, y)}{\partial y_i} = 0, \quad i = 1, 2, 3, \cdots, N \tag{6.33}$$

将式（6.32）代入，可得：

$$(1 - \xi_i)^{-1} [\lambda(y_i) - \xi_i \lambda(\xi_i y_i)] = \lambda(y_N), \quad i = 1, 2, \cdots, N-1 \tag{6.34}$$

$$C_m \lambda(y_N) = C(N, y), \quad i = N \tag{6.35}$$

最终目的是求解 $y = (y_1, y_2, \cdots, y_N)$，$y_i$ 表示进行第 i 次预防性维修前系统经历的有效寿命，在展开下一步求解之前对问题的条件做进一步限定，并有下述定理成立。

定理 6.2：当满足下列条件时，方程组（6.34）和（6.35）存在唯一解。

（1）故障率函数 $\lambda(t)$ 连续且随时间严格递增。

（2）$\lambda(t)$ 的一阶导数 $\dfrac{\mathrm{d}\lambda(t)}{\mathrm{d}t}$ 随时间严格递增。

证明：对$(1 - \xi_i)^{-1}[\lambda(y_i) - \xi_i\lambda(\xi_iy_i)]$取一阶导数，可得：

$$\frac{\partial(1 - \xi_i)^{-1}[\lambda(y_i) - \xi_i\lambda(\xi_iy_i)]}{\partial y_i} = (1 - \xi_i)^{-1}[\lambda'(y_i) - \xi_i^2\lambda'(\xi_iy_i)] \quad (6.36)$$

因为$\lambda(t)$的一阶导数单调递增，且$0 < \xi_i < 1$，所以：

$$\lambda'(y_i) - \xi_i^2\lambda'(\xi_iy_i) > (1 - \xi_i^2)\lambda'(y_i) > 0 \quad (6.37)$$

这表明$(1 - \xi_i)^{-1}[\lambda(y_i) - \xi_i\lambda(\xi_iy_i)]$是$y_i$的严格递增函数，故：

$$\begin{cases} (1 - \xi_i)^{-1}[\lambda(0) - \xi_i\lambda(0)] < \lambda(y_N) \\ (1 - \xi_i)^{-1}[\lambda(y_N) - \xi_i\lambda(y_N)] > \lambda(y_N) \end{cases}, \quad i = 1, 2, \cdots, N - 1 \quad (6.38)$$

当y_N给定后，存在唯一的y_i，$0 < y_i < y_N$，满足式（6.34）。因此，对式（6.34）来说，y_i存在唯一解，可以表示为：

$$y_i = y_N\left(\frac{1 - \xi_i}{1 - \xi_i^\beta}\right)^{\frac{1}{\beta - 1}}, \quad i = 1, 2, \cdots, N - 1 \quad (6.39)$$

将式（6.39）代入式（6.34）可得：

$$\lambda(y_N)\left[y_N + \sum_{i=1}^{N-1}(1 - \xi_i)y_i\right] - \sum_{i=1}^{N}\int_{\xi_{i-1}y_{i-1}}^{y_i}\lambda(t)\mathrm{d}t = \frac{1}{C_m}[C_r + (N - 1)C_p] \quad (6.40)$$

将每个关于y_i的表达式代入式（6.40）可得：

$$y_N = \left[\frac{C_r + (N - 1)C_p}{\alpha(\beta - 1)C_m\sum_{j=0}^{N-1}A_j}\right]^{\frac{1}{\beta}} \quad (6.41)$$

式中

$$A_j = [(1 - \xi_j)^\beta/(1 - \xi_j^\beta)]^{\frac{1}{\beta - 1}}, \quad 0 = \xi_0 < \xi_1 < \xi_2 < \cdots < \xi_n < 1 \quad (6.42)$$

由此，定理得证。

该定理表明，若故障率函数一阶可导且$\frac{\mathrm{d}\lambda(t)}{\mathrm{d}t}$严格递增（即$\beta > 2$），则对于给定的$N$，存在唯一最优解$(y_1, y_2, \cdots, y_N)$使得设备和系统更新周期内的费用率最低。

定理6.3：$C(N, y)$是关于N的凸函数，即存在N^*使得$C(N^* + 1, y) \geqslant C(N^*, y)$，并且$C(N^*, y) < C(N^* - 1, y)$。

证明：该定理即证明存在N^*使得$C(N, y)$最小，由式（6.35）可知，要使$C(N, y)$最小，等价于使式（6.43）最小：

$$\lambda(y_N) = \alpha\beta\left[\frac{C_r + (N - 1)C_p}{\alpha(\beta - 1)C_m\sum_{i=0}^{N-1}A_i}\right]^{\frac{\beta - 1}{\beta}} \quad (6.43)$$

等价于证明式（6.44）存在最小值：

$$G(N) = \frac{C_r + (N-1)C_p}{\sum\limits_{i=0}^{N-1} A_i} \qquad (6.44)$$

等价于证明存在N^*使得$G(N^*+1) \geq G(N^*)$，并且$G(N^*) < G(N^*-1)$。

上述等价条件可以转化为

$$H(N^*) \geq \frac{C_r}{C_p} \text{且} H(N^*-1) < \frac{C_r}{C_p} \qquad (6.45)$$

式中

$$H(N) = \begin{cases} A_N^{-1}\sum\limits_{i=0}^{N-1} A_i - (N-1), & N=1,2,\cdots \\ 0, & N=0 \end{cases} \qquad (6.46)$$

又因为

$$H(N) - H(N-1) = \left(\frac{1}{A_N} - \frac{1}{A_{N-1}}\right)\sum_{i=0}^{N-1} A_i$$

当$A_i > 0$且A_i递减时，$\frac{1}{A_N} - \frac{1}{A_{N-1}} > 0$，所以$H(N) - H(N-1) > 0$；反之，$H(N) - H(N-1) < 0$。

即$H(N)$与A_i具有相反的单调性，下面证明A_i是单调递减的。

因为$A_i = [(1-\xi_i)^\beta/(1-\xi_i^\beta)]^{\frac{1}{\beta-1}}$，不妨设$u(x) = (1 - \frac{x^\beta}{1-x^\beta})$，式中$0 < x < 1$（因为$0 < \xi_i < 1$）；同时，由于$\beta > 1$，因此$A_i$与$u(x)$单调性相同。

因为$\frac{du(x)}{dx} = \frac{\beta(1-x)^{\beta-1}(x^{\beta-1}-1)}{(1-x^\beta)^2} < 0$，所以$u(x)$单调递减，进而$A_i$单调递减。图6.5反映了当$\beta$取不同值时，$u(x)$曲线的变化情况。

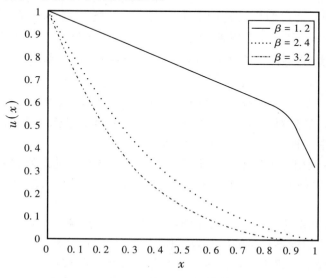

图6.5 不同值β对$u(x)$的影响

因此当 i 增大时，$\xi_i \to 1$，此时有：

$$\lim_{i \to +\infty} A_i = \lim_{x \to 1} [u(x)]^{\frac{1}{\beta-1}} = 0$$

故当 N 从 0 开始增大时，$H(N)$ 从 0 增至无穷大，于是存在唯一 N^* 满足式（6.45），定理得证。

至此可以给出不定周期预防性维修策略优化的一般步骤：

（1）根据式（6.45）求出 N^*，即装备在更换前进行 $N^* - 1$ 次预防性维修。

（2）根据式（6.41）求出 y_N，进而求出 $(y_1, y_2, \cdots, y_N)$。

（3）根据 $x_i = y_i - \xi_{i-1} y_{i-1}$ 求出预防性维修间隔 $x_i (i = 1, 2, \cdots, N^*)$。

本节内容针对船舶设备和系统的不可维修和可维修两种情况，讨论了三种预防性维修策略，并给出了相应的更换和维修策略模型，可结合船舶设备和系统的特点，将决策模型嵌入船舶智能运维系统，为船舶智能运维决策提供支撑和保障。

6.3　不完全维修下的维修更换决策

船舶设备和系统大多属于可修系统，发生故障后会转入修理状态。早期研究大都不考虑装备系统的维修效果或者假设维修效果为完全维修，即修复如新，在这样的假设前提下更新过程广泛应用于可修系统的维修分析并取得了很多有用的成果。但实际中系统的修理并不总能修复如新，为了描述维修效果，反映维修活动对系统的影响，学者们提出了很多有用的模型和方法。按照不完全维修效果描述方法的不同，这些模型方法可分为以下四类：

（1）概率模型。通过假设设备和系统经维修后以概率 p 修复如新，以概率 $q = 1 - p$ 修复如旧，可以建立 (p, q) 不完全维修模型。有学者认为维修效果好坏的概率并不是一个常量，而是依赖于系统的寿命或者工作时间 t，在此基础上对模型进行发展和完善，建立了 $[p(t), q(t)]$ 模型。

（2）改善因子模型。改善因子可用于衡量和描述维修后系统年龄和故障率的改善程度。该模型最大的好处是对它以系统故障率或其他可靠性标准作为衡量维修效果的依据，因而其成为工程领域中一种较为有效的方法得到广泛应用。

（3）虚拟年龄模型。该模型认为维修只改变前一次到当前维修之间的有效年龄，维修活动相当于延缓了设备"变老"的过程，通过引入虚拟年龄参数 $a (0 \leq a \leq 1)$ 来描述维修效果。

（4）几何过程和准更新过程。对于船舶劣化设备和系统，工程实践中经常见到的一种现象是每次故障维修后设备和系统的有效工作时间变短，而恢复故障所需的维修时间却随着故障次数的增加而增加，借助几何过程建立数学模型可以很好地描述这一过程，引入参数 α 表示每次维修后系统寿命比上一次维修减少的比例；引入参数 β 表示每次维修时间比上一次维修增加的比例，在此基础上与维修策略构成一个准更新过程。

对于船舶设备和系统（尤其是机械装备或者机电混合装备），如果修复不能使其恢复到初始的完好状态，可以预见的结果就是装备的可靠性或性能得到有效发挥将受到一定程度的影响，也就是说，装备在其服役期限内随着维修次数的增多处在一个逐渐退化的过程，这样的船舶设备和系统称为可修劣化装备。劣化装备在发生故障后进行维修，一般当经历若干次维修或累计工作时间达到一定值时，对系统进行更换，因此很自然的一个问题就是应该采用什么样的策略进行维修和更换。这一方面取决于每次维修的效果；另一方面取决于维修的费用和对装备进行更新的费用以及装备故障可能造成的经济损失。

本节内容将介绍基于瞬时可用度估算的劣化装备时间更换策略。从全寿命周期费用率的角度出发，对劣化装备不完全维修条件下的维修更换策略进行分析与优化。在现有不完全维修模型的基础上，建立仿真模型，旨在对劣化装备的瞬时可用度进行估算，进而在此基础上建立劣化装备的时间更换策略，以装备寿命周期内的平均费用率为指标对策略（系统更换时间）进行优化。

1.可用度的基本概念

可用性是系统或部件在规定的使用与维修方式下，在给定的时间能够完成规定功能的能力。与可靠性和维修性类似，可用性也可以通过概率进行度量。由此，可用性的含义可以理解为系统在某一时间点上或一段时间内能够工作的概率，称为可用度。设备和系统的可用度是描述装备完好性与任务持续性的重要参数。在实际工作中，设备和系统的可用度参数一般分为稳态可用度参数和瞬时可用度参数，稳态可用度又可分为固有可用度、可达可用度、使用可用度等。长期以来，稳态可用度的研究和应用一直受到广泛重视，但是随着装备故障检测和视情维修等技术的发展，对设备和系统可靠性指标精度的要求进一步提高，装备的瞬时可用度对于实际的维修保障活动更有意义，因此瞬时可用度的计算问题逐渐引起了人们的关注。

根据考虑问题时间尺度的不同，可用度分为一段时间的平均可用度和某一时刻的瞬时可用度。固有可用度就是前者的典型代表，反映了装备的平均工作时间占更新周期的比例。瞬时可用度定义为：在要求的外部资源得到保证的前提下，系统在任一随机时刻 t 处于可工作状态的概率。由此可见，瞬时可用度是系统使用过程中日历时间的函数，是对系统在某一时刻可用度的概率度量。

假设一个可修系统在 $t = 0$ 时刻投入运行，当系统出现故障时，产生了一个维修行为来恢复系统的功能。若用二值变量 $Y(t)$ 表示装备在 t 时刻的状态，$Y(t) = 1$ 表示装备在时刻 t 正常工作，$Y(t) = 0$ 表示装备在 t 时刻失效，即

$$Y(t) = \begin{cases} 1, 系统在 t 时刻正常运行 \\ 0, 其他 \end{cases}$$

则系统的瞬时可用度 $A(t)$ 可表示为：

$$A(t) = P\{Y(t) = 1\} \tag{6.47}$$

从其定义可以看出，瞬时可用度 $A(t)$ 只讨论在 t 时刻系统是否处于正常工作状态，对于 t 时刻前装备是否发生过故障并不关心。

2.可用度的计算

（1）利用状态转移图计算可用度

假定系统的故障率和维修率分别为 λ 和 μ，则系统的状态转移过程如图6.6所示。

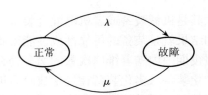

图6.6 故障率和维修率均为常数的状态转移图

图6.6中的状态转移关系可以用马尔可夫过程来表示，其状态转移方程为：

$$\begin{cases} \dfrac{\mathrm{d}P_1(t)}{\mathrm{d}t} = -\lambda P_1(t) + \mu P_2(t) \\ P_1(t) + P_2(t) = 1 \end{cases} \tag{6.48}$$

式中，$P_1(t)$和$P_2(t)$分别表示装备在t时刻处于正常和故障状态的概率，解此微分方程组可得

$$A(t) = P_1(t) = \frac{\mu}{\lambda + \mu} + \frac{\lambda}{\lambda + \mu} e^{-(\lambda + \mu)t} \tag{6.49}$$

这种方法同样适用于多部件可修系统，举例如下。

某船舶综合电力系统有两个发电机，每个发电机有两种状态：正常工作状态（1）和失效状态（0），通常可以认为当一个发电机处于失效状态时同时处于维修状态。当发电机1正常工作时其输出为100 MW，处于失效状态时输出为0；当发电机2正常工作时其输出为50 MW，处于失效状态时输出为0，系统可能的状态见表6.1。

表6.1 发电机系统状态与系统输出

状态序号	发电机1	发电机2	系统输出/MW
1	0	0	0
2	0	1	50
3	1	0	100
4	1	1	150

假设发电机处于连续工作状态，发电机的失效事件相互独立、互不影响，发电机失效后立即进行维修，维修事件也相互独立，发电机1和发电机2的失效率及维修率分别为λ_1、λ_2与μ_1、μ_2，则系统相应的状态转移图如图6.7所示，状态转移矩阵为：

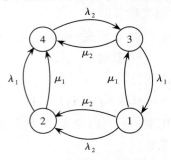

图6.7 双发电机系统状态转移图

$$A = \begin{bmatrix} -(\mu_1 + \mu_2) & \mu_2 & \mu_1 & 0 \\ \lambda_2 & -(\lambda_2 + \mu_1) & 0 & \mu_1 \\ \lambda_1 & 0 & -(\lambda_1 + \mu_2) & \mu_2 \\ 0 & \lambda_1 & \lambda_2 & -(\lambda_1 + \lambda_2) \end{bmatrix} \qquad (6.50)$$

直接利用式（6.50）可以列出微分方程组求解系统的瞬态可用度，但是过程非常烦琐，状态转移图的方法更多用于求解系统的稳态概率。对本例来说，系统状态的稳态概率满足下列方程组：

$$\begin{cases} -(\mu_1 + \mu_2)P_0 + \lambda_2 P_1 + \lambda_1 P_2 = 0 \\ \mu_2 P_0 - (\mu_1 + \lambda_2)P_1 + \lambda_1 P_3 = 0 \\ \mu_1 P_0 - (\mu_2 + \lambda_1)P_2 + \lambda_2 P_3 = 0 \\ P_0 + P_1 + P_2 + P_3 = 1 \end{cases} \qquad (6.51)$$

式中，$P_j(j = 0，1，2，3)$表示系统各个状态的稳态概率，解该方程组可得：

$$\begin{cases} P_0 = \dfrac{\lambda_1 \lambda_2}{(\mu_1 + \lambda_1)(\mu_2 + \lambda_2)} \\[4mm] P_1 = \dfrac{\lambda_1 \mu_2}{(\mu_1 + \lambda_1)(\mu_2 + \lambda_2)} \\[4mm] P_2 = \dfrac{\mu_1 \lambda_2}{(\mu_1 + \lambda_1)(\mu_2 + \lambda_2)} \\[4mm] P_3 = \dfrac{\mu_1 \mu_2}{(\mu_1 + \lambda_2)(\mu_2 + \lambda_2)} \end{cases} \qquad (6.52)$$

（2）蒙特卡罗方法计算可用度

蒙特卡罗方法又称为统计模拟方法，是随着科学技术的发展和电子计算机的发明提出的一种以概率统计理论为指导的数值计算方法。这是一种使用随机数（或更常见的伪随机数）来解决很多计算问题的方法。

蒙特卡罗方法通常可以粗略地分成两类：一类是所求解的问题本身具有内在的随机性，借助计算机的运算能力可以直接模拟这种随机过程；另一类是所求解问题可以转化为某种随机分布的特征数，如随机事件出现的概率，或者随机变量的期望值。通过随机抽样的方法，以随机事件出现的频率估计其概率，或者以抽样的数字特征估算随机变量的数字特征，并将其作为问题的解。计算装备系统的瞬时可用度就属于这种类型的问题，通过随机生成装备的工作时间和维修时间可以统计出装备在某一时刻的可用度。

蒙特卡罗方法的求解过程可以归结为三个主要步骤：

①构造或描述概率过程。由式（6.47）可知，装备的瞬时可用度$A(t)$取决于随机变量$Y(t)$，即装备在任意时刻t的状态，通过随机生成装备的工作时间和故障修复时间，能够得到一次仿真下某一时刻装备的具体状态。

②从已知概率分布抽样。构造概率模型以后，各种概率模型都可以看成由各种各样的概率分布构成，由此产生已知概率分布的随机变量（或随机向量），就成为实现蒙特卡罗方法模拟实验的基本手段，这也是蒙特卡罗方法称为随机抽样的原因。最简单、最基本、最重要

的一个概率分布是（0，1）上的均匀分布。

③建立各种估计量。一般来说，构造概率模型并能从中抽样后，即实现模拟实验后，就要确定一个随机变量，作为所要求的问题的解，称其为无偏估计。建立各种估计量，相当于对模拟实验的结果进行考察和登记，从中得到问题的解。

对于多数船舶装备，其故障率并非恒定不变，也很难给出确定的分布函数，想要通过状态转移图和时间分布函数来精确计算可用度几乎是不可能的。本节将采用仿真的方法对劣化装备的瞬时可用度进行数值计算，并在此基础上对维修策略进行优化，下面是对原始问题进行抽象后引入的数学模型与假定。

3.模型与假定

为了简化瞬时可用度的计算，一般方法只考虑故障前时间和维修时间的概率分布而不考虑装备的维修效果，或者假设维修效果为完全维修，即修复如新，在这样的假设前提下可以运用更新理论进行计算。但实际中装备的修理并不总能修复如新，对于劣化装备更是如此，为了描述维修效果，反映维修活动对装备的影响，人们提出了多种维修模型。其中，Kijima提出的虚寿命模型由于很好地描述了维修活动对装备累积寿命的影响而得到广泛应用。本节的仿真模型即建立在虚寿命模型的基础上，对该模型进行简单介绍。

（1）虚寿命模型

虚寿命模型可以描述如下：

①装备系统为一个二态系统（即在任一时刻，系统要么处于正常状态，要么处于失效状态），装备初始状态为正常。

②X_n表示装备在第$n-1$次维修完成后至第n次失效之间的工作时间。

③V_n表示在第n次维修完成后装备的虚寿命。

④X_n和V_n满足如下关系：

$$V_n = V_{n-1} + aX_n \tag{6.53}$$

式中，a为常数，且$0 \leq a \leq 1$，$V_0 = 0$。

⑤记$F_i(x)$为X_i的累积分布函数$(i=1,2,\cdots)$，$F_n(x|y)$为X_n在$V_{n-1}=y$条件下的条件累积分布函数，则有

$$F_n(x|y) = \frac{F_1(x+y) - F_1(y)}{1 - F_1(y)} \tag{6.54}$$

显然在虚寿命模型中，X_1，$X_2\cdots$为装备每次累积增加的使用寿命，由于维修活动使装备性能在一定程度上得到改善，相当于"移除"了部分自然累积的寿命，因此维修完成后装备实际的寿命增量为自然累积的使用寿命X_n乘以一定的系数a，这也是V_n称为"虚寿命"的原因。

当$a=0$时，模型对应完全维修，即每次维修使装备恢复到初始未使用状态；当$a=1$时，模型对应最小维修，即装备恢复如旧；当$0<a<1$时，模型对应一般的不完全维修。

（2）假定条件

有磨损、老化性质的装备寿命大都服从韦布尔分布，并且韦布尔分布具有很好的适应性，可以模拟多种失效率变化，在此处假定装备的初始寿命服从韦布尔分布，并有下列限定条件：

①装备初始寿命服从形状参数为β、尺度参数为θ的二参数韦布尔分布。

②$\beta > 1$，即装备故障率随时间推移而上升。

③装备不进行预防性维修，仅在故障后进行维修。

④维修效果采用虚寿命模型进行描述，且为不完全维修，即式（6.53）中的a满足$0 < a < 1$。

⑤装备修复后的工作时间与修复效果有关，两者关系用式（6.54）进行描述。

⑥装备平均修理时间t_r为一常数。

根据上述限定条件，可以绘制劣化装备的状态转移过程图，如图6.8所示。

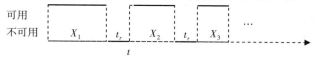

图6.8 劣化装备状态转移过程图

从图中可以看出，系统处于两种状态：工作状态（可用）和维修状态（不可用）由于$\beta > 1$，即装备故障率随时间呈上升趋势，且维修活动为不完全维修，因此工作时间间隔X_i逐渐减小。

首先，根据限定条件（1），可写出劣化装备初始寿命X_1的累积分布函数为：

$$F_1(x) = 1 - \exp\left[-\left(\frac{x}{\theta}\right)^\beta\right] \tag{6.55}$$

然后，根据虚寿命模型中的表达式（6.54），装备在第$n - 1$次维修完成后至第n次失效之间的工作时间X_n受到第$n - 1$次维修后虚寿命V_{n-1}的影响，将式（6.55）代入式（6.54）即可得到X_n，在$V_{n-1} = y$条件下的条件累积分布函数为：

$$F_n(x|y) = 1 - \exp\left[-\left(\frac{x + y}{\theta}\right)^\beta + \left(\frac{y}{\theta}\right)^\beta\right] \tag{6.56}$$

根据式（6.11），装备在任意时刻t的瞬时可用度为装备在该时刻处于可用状态的概率。由于至时刻t装备可能发生的故障次数是不确定的；同时，由虚寿命模型可知X_n的分布函数依赖于$\{X_1, X_2, \cdots, X_{n-1}\}$，因此装备在任意时刻的状态$Y_t$是一个随机变量。该随机变量是一个二值变量，取值为1或0，分别对应于装备正常状态和故障状态，因此可以采用离散事件仿真的方法对其进行模拟。

4.仿真模型与可信度

（1）仿真模型设计

①具有特定分布的随机变量的产生

令T代表一个随机变量，具有分布函数$F_T(t)$，对于所有的，$F_T(t)$递增，于是对于$y \in (0, 1)$，$F_T^{-1}(y)$是唯一确定的。进一步令$Y = F_T(T)$，那么Y的分布函数为：

$$\begin{aligned} F_Y(y) &= P(Y \leqslant y) = P[F_T(T) \leqslant y] \\ &= P[T \leqslant F_T^{-1}(y)] = F_T[F_T^{-1}(y)] = y \end{aligned} \tag{6.57}$$

因此，$Y = F_T(T)$有一个在（0，1）上的均匀分布，这表明如果一个随机变量Y有一个在（0，1）上的均匀分布，那么$F_T^{-1}(y)$具有分布函数$F_T(t)$。

这个结论可以用来在计算机上产生随机变量$X_1, X_2, X_3, \cdots$，对于X_1其服从初始分布

$F_1(x)$，而对于 X_2，X_3，$\cdots$，其具有条件分布函数 $F_i(x|y)$，当仿真开始后可以根据当前仿真结果确定下一轮仿真的条件，进而可以根据分布函数 $F_i(x|y)$ 随机产生 X_2，X_3，$\cdots$。

②下一事件仿真

蒙特卡罗下一事件仿真法是对可修系统进行可用性评估最灵活的方法，几乎可用于分析任意类型的系统，这种方法是通过在计算机上模拟一个系统的典型寿命片段来实施的。

对于装备任意时刻的状态 $Y(t)$，采用蒙特卡罗下一事件仿真法的主要步骤如下：

a.在 $t=0$（模拟器时钟被设置为0，对应于某一特定日期）时刻开始仿真，假设系统在 $t=0$ 时刻是正常运行的。

b.首次故障出现时间 X_1 由寿命分布函数 $F_1(t)$ 产生，故障产生后仿真时钟S被置为 X_1。

c.维修或恢复时间由指定的维修时间分布函数产生，对于本例采用平均维修时间（为一常数）t，维修完成后仿真时钟S设为 $S+4$。

d.根据虚寿命模型产生下一次故障时刻，同时推进仿真时钟直至仿真时钟大于等于要考察的时刻 t_r，否则转入第（3）步。

装备任意时刻状态的仿真流程如图6.9所示。

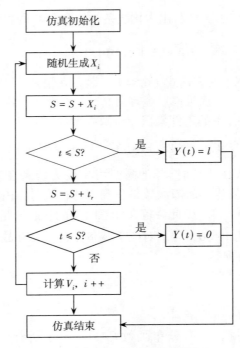

图6.9 装备任意时刻状态的仿真流程

仿真时钟在装备故障和维修完成这两类事件的作用下向前推进。由图6.9可知，对任意时刻t若装备处于维修状态，即为不可用，则 $Y(t)=0$；反之，则认为装备处于可用状态，$Y(t)=1$。

变量i代表至当前时刻已经经历了第i轮维修，初始条件为 $i=0$，$X_0=0$，$S=0$，其中 X_i 和 V_i 分别用式（6.56）和式（6.53）进行仿真和计算。

（2）仿真可信度

由上文的分析可知，装备的瞬时可用度取决于随机变量 $Y(t)$，即装备在任意时刻 t 的状态；可以通过仿真的方法随机生成 X_i 和 V_i，进而确定某一时刻系统的状态 $Y(t)$。由大数定律可知，经过大量的仿真实验，装备的瞬时可用度可以用 $Y(t)$ 的均值进行估算，即

$$A(t) \approx \frac{\sum\limits_{i=1}^{n} Y(t)}{n} \tag{6.58}$$

式中，n 为仿真运行次数。

另外，随机变量 $Y(t)$ 是服从参数 $p = A(t)$ 的 $0 \sim 1$ 分布，因此 $\sum\limits_{i=1}^{n} Y(t)$ 为 n 个相互独立的参数为 p 的 $0 \sim 1$ 分布的随机变量和，服从二项分布 $B(n, p)$。

由独立同分布的中心极限定理可知，当 n 很大时，二项分布 $B(n, p)$ 近似正态分布 $N[np, np(1-p)]$，且满足

$$P\left\{\left|\frac{1}{n}\sum_{i=1}^{n} Y(t) - p\right| \leqslant \varepsilon\right\} \approx 2\Phi\left(\varepsilon\sqrt{\frac{n}{p(1-p)}}\right) - 1 \tag{6.59}$$

式中，$p = A(t)$；Φ 为标准正态分布函数。

若需要以95%的置信度，使得样本均值与 $A(t)$ 的差异不大于0.01，则仿真次数 n 应满足

$$2\Phi\left(0.01\sqrt{\frac{n}{p(1-p)}}\right) - 1 \geqslant 0.95 \tag{6.60}$$

即 $\Phi\left(0.01\sqrt{\dfrac{n}{p(1-p)}}\right) \geqslant 0.975$，根据标准正态分布表可得 $\Phi(1.96) = 0.975$，故 $0.01\sqrt{\dfrac{n}{p(1-p)}} \geqslant 1.96$，从而 $n \geqslant \dfrac{1.96^2}{0.01^2}p(1-p)$；又因为 $p(1-p) \leqslant \dfrac{1}{4}$，所以 $n \geqslant 9\,604$。

因此，若要以95%的置信度，使得样本均值与 $A(t)$ 的差异不大于0.01，仿真次数应大于 9 604，表6.2为不同置信度下需要的最小仿真次数，这里取仿真次数 n=10 000。

表 6.2　置信度与仿真次数

置信度（误差0.01）	最小仿真次数	置信度（误差0.01）	最小仿真次数
99%	16 512	90%	6 806
95%	9 604	85%	5 184

5.最佳换件周期的确定

求解瞬时可用度的目的是掌握装备的动态特性，根据装备的动态特性可以对维修活动进行优化。在已知瞬时可用度表达式的条件下，可以通过计算一定时间内的平均费用来确定最佳换件周期。

假定装备的获取成本为 C_a（单位：元）。单位时间的平均停机代价为 C_d（单位：元/

日），C_a包括装备价值以及运输、装机成本等费用，C_d包括单位时间的维修费用以及单位时间内由装备停机带来的损失。此时，$[0，\tau]$时间段内装备的平均费用率可以表示为：

$$AvgCost(\tau) = \frac{C_a}{\tau} + C_d[1 - A_{avg}(\tau)] \qquad (6.61)$$

式中，$A_{avg}(\tau)$为$[0，\tau]$时间段内的平均可用度，可表示为：

$$A_{avg}(\tau) = \frac{1}{\tau} \int_0^\tau A(t)\,\mathrm{d}t \qquad (6.62)$$

将式（6.62）代入式（6.61）可得：

$$AvgCost(\tau) = \frac{C_a}{\tau} + C_d\left[1 - \frac{1}{\tau}\int_0^\tau A(t)\,\mathrm{d}t\right] \qquad (6.63)$$

显然要使平均费用率最低，须满足：

$$\frac{\partial AvgCost(\tau)}{\partial \tau} = 0 \qquad (6.64)$$

将式（6.63）代入式（6.64）可得：

$$C_d\int_0^\tau A(t)\,\mathrm{d}t - C_d\tau A(\tau) - C_a = 0 \qquad (6.65)$$

解此方程即可得到最佳换件周期τ^*。

本节针对不完全维修条件下劣化装备的维修决策问题，从寿命周期费用率优化的角度，分别从更换时间给出了解决方案。劣化装备故障率一般随时间递增，在一个寿命周期内此类装备的可用度也呈下降趋势，准确地把握其瞬时可用度的变化规律对于合理安排预防性维修活动、规划保障资源等都有重要意义。

6.4 不完全维修下的视情维修决策

对船舶装备进行有效的预防性维修是提高装备可靠性、安全性和经济性的有效措施，而建立有效的维修模型、优化维修策略则是提高预防性维修有效性的方法和途径。早期预防性维修研究大多基于系统能修复如新或修复如旧，维修时间可忽略的假设，建立维修决策及优化模型，但实际中由于系统年龄增长和性能不断劣化，以及维修人员和技术手段不同，维修并不总能够将系统恢复至全新状态，因此越来越多的学者开始在视情维修研究中考虑维修不完全的情况。随着"年龄"增长，系统在经历多次维修后，其修后工作时间会呈现缩短的趋势，而每次维修花费的时间则会呈现增加的趋势，直到系统无法使用而更换。

针对预防性维修无法总能够使系统恢复如新，以及维修后系统达到维修值的时间越来越短、维修时间越来越长的问题，本节基于连续时间马尔可夫链和Gamma过程两种方法，建立不完全维修条件下的视情维修及更换策略模型，对维修策略与更换策略的联合优化过程进行介绍。

6.4.1 基于马尔可夫链的不完全维修下装备视情维修与更换策略

1.模型假设

（1）系统随工作时间的延长性能逐渐劣化，该过程分为 k 个性能劣化阶段，在不进行预防性维修的情况下相邻劣化状态转移率服从参数为 λ_d 的指数分布，之后系统发生劣化故障，进行故障后更换。

（2）定期对系统劣化状态进行检测，平均检测间隔为 $\frac{1}{\lambda_{in}}$；检测时系统停机平均检测时间为 $\frac{1}{\mu_{in}}$，两者均服从指数分布。

（3）对系统状态 i 检测后的维修决策为：若 $0 \leqslant i \leqslant n$，则继续工作；若 $n+1 \leqslant i \leqslant k$，则进行预防性维修。

（4）预防性维修为不完全维修，以概率 p 使系统恢复如新，以概率 $q = 1 - p$ 恢复至前一状态。

（5）系统进行第 j 次预防性维修的平均时间为 $\frac{1}{\beta^{j-1}\mu_M}$，$\beta < 1$，维修后相邻劣化状态转移的平均时间为 $\frac{1}{\alpha^j \lambda_d}$，$\alpha > 1$，两者均服从指数分布。

（6）系统经历 $S-1$ 次预防性维修后，第 S 次进行预防性更换，平均预防性更换时间为 $\frac{1}{\mu_R}$；若系统发生故障，则立即进行更换，平均故障后更换时间为 $\frac{1}{\mu_F}$，两者均服从指数分布，且满足 $\frac{1}{\beta^{j-1}\mu_M} \leqslant \frac{1}{\mu_R} \leqslant \frac{1}{\mu_F(j=1,2,\cdots,S-1)}$。

（7）检测是非破坏性的，能够完全反映系统状态，系统在检测或维修时不工作也不发生劣化，但停机会造成一定的损失。

（8）优化目标系统稳态可用度最大、长期运行费用率最低以及在规定可用度约束下平均故障前时间最长。

2.模型建立

根据模型假设，定义系统状态空间：

$D(i, j, 1)$ 表示第 j 次预防性维修后系统在第 i 个性能劣化阶段正常工作，$1 \leqslant i \leqslant k$，$0 \leqslant j \leqslant S-1$。

$I(i, j, 2)$ 表示第 j 次预防性维修后系统在第 i 个性能劣化阶段进行检测，$1 \leqslant i \leqslant k$，$0 \leqslant j \leqslant S-1$。

$M(i, j, 3)$ 表示对系统进行第 j 次预防性维修，此时处于第 i 个性能劣化阶段，$n+1 \leqslant i \leqslant k$，$0 \leqslant j \leqslant S-1$。

R 表示系统进行预防性更换。

F 表示系统发生故障。

系统在正常工作时进行周期性检测，当超过维修阈值 n 时进行预防性维修；系统维修后工作时间会呈现缩短的趋势，维修时间则会呈现延长的趋势，其系数分别为 $\frac{1}{\alpha(\alpha > 1)}$ 和

$\dfrac{1}{\beta}(\beta < 1)$；当系统经历过 $S-1$ 次预防性维修后，下一次则进行预防性更换；若系统发生故障，则立即更换。预防性更换和故障后更换均使系统恢复至全新状态。

3.模型分析

根据马尔可夫链的相关性质，在稳态条件下进入某一状态的速率等于离开它的速率。设 $P(i, j, m)(1 \leqslant i \leqslant k, 0 \leqslant j \leqslant S-1, 1 \leqslant m \leqslant 3)$ 为对应各状态的概率值。P_R 表示预防性更换的概率，P_F 表示系统发生故障的概率，则可列出相应的平衡方程。例如，对于工作状态 $D(1, 0, 1)$，有

$$\lambda_d P(1, 0, 1) = \mu_R P_R + \mu_F P_F \tag{6.66}$$

为了便于计算，定义 $A(i, j, m) = \dfrac{P(i, j, m)}{P(1, 0, 1)}$，$A_R = \dfrac{P_R}{P(1, 0, 1)}$ 和 $A_F = \dfrac{P_F}{P(1, 0, 1)}$，那么可以将平衡方程改写为相应的形式。对于工作状态 $D(1, 0, 1)$，有

$$A(1, j, 1) = \frac{p\beta^{j-1}\mu_M}{\alpha^j \lambda_d} \sum_{i=n+1}^{k} A(i, j, 3), \quad 1 \leqslant j \leqslant S-1 \tag{6.67}$$

$$A(i, 0, 1) = A(i-1, 0, 1), \quad 2 \leqslant i \leqslant n \tag{6.68}$$

$$A(i, 0, 1) = \frac{\lambda_d}{\lambda_d + \lambda_{in}} A(i-1, 0, 1), \quad n+1 \leqslant i \leqslant k \tag{6.69}$$

$$A(i, j, 1) = A(i-1, j, 1), \quad 2 \leqslant i \leqslant n-1; 1 \leqslant j \leqslant S-1 \tag{6.70}$$

$$A(n, j, 1) = \frac{q\beta^{j-1}\mu_M}{\alpha^j \lambda_d} A(n+1, j, 3) + A(n-1, j, 1), \quad 1 \leqslant j \leqslant S-1 \tag{6.71}$$

$$A(i, j, 1) = \frac{q\beta^{j-1}\mu_M}{\alpha^j \lambda_d + \lambda_m} A(i+1, j, 3) + \frac{\alpha^j \lambda_d}{\alpha^j \lambda_d + \lambda_m} A(i-1, j, 1),$$
$$n+1 \leqslant i \leqslant k-1; 1 \leqslant j \leqslant S-1 \tag{6.72}$$

$$A(k, j, 1) = \frac{\alpha^j \lambda_d}{\alpha^j \lambda_d + \lambda_{in}} A(k-1, j, 1), \quad 1 \leqslant j \leqslant S-1 \tag{6.73}$$

对于检测状态 $I(i, j, 2)$，有

$$A(i, j, 2) = \frac{\lambda_{in}}{\mu_{in}} A(i, j, 1), \quad 1 \leqslant i \leqslant k; 0 \leqslant j \leqslant S-1 \tag{6.74}$$

对于预防性维修状态 $M(i, j, 3)$，有

$$A(i, j, 3) = \frac{\mu_m}{p\beta^{-1}u_M + q\beta^{-1}u_M} A(i, j-1, 2)$$
$$= \frac{\mu_{in}}{\beta^{j-1}u_M} A(i, j-1, 2), \quad n+1 \leqslant i \leqslant k; 1 \leqslant j \leqslant S-1 \tag{6.75}$$

对于故障状态 F 和预防性更换状态 R，有

$$A_F = \frac{1}{u_F} \sum_{j=0}^{S-1} \alpha^j \lambda_d A(k, j, 1) \tag{6.76}$$

$$A_R = \frac{\mu_{in}}{u_R} \sum_{i=n+1}^{k} A(i, S-1, 2) \tag{6.77}$$

根据稳态条件下各状态概率和为1，可得

$$P(1, 0, 1) = \left[\sum_{i=1}^{k} \sum_{j=0}^{S-1} A(i, j, 1) + \sum_{i=1}^{k} \sum_{j=0}^{S-1} A(i, j, 2) + \sum_{i=n+1}^{k} \sum_{j=1}^{S-1} A(i, j, 3) + A_F + A_R \right]^{-1}$$

（6.78）

4. 模型求解

通过求解方程（6.66）和方程（6.78），计算稳态条件下各状态概率。下面给出该方程组的递归求解算法：

（1）由 $A(i, j, m)$ 定义可得 $A(1, 0, 1) = 1$；根据式（6.68）和式（6.69）计算 $A(1, 0, 1)(2 \leqslant i \leqslant k)$。

（2）设 $j = 1$，若 $S = 1$，则根据式（6.74）计算 $A(i, j-1, 2)$ 后转步骤（6），否则继续。

（3）根据式（6.74）计算 $A(i, j-1, 2)$，根据式（6.75）计算 $A(i, j, 3)(n+1 \leqslant i \leqslant k)$。

（4）根据式（6.67）计算 $A(1, j, 1)$，再根据式（6.70）～式（6.73）计算 $A(i, j, 1)$，$2 \leqslant i \leqslant k$。

（5）$j = j + 1$，若 $j < S$，则转步骤（3），否则继续。

（6）根据式（6.76）和式（6.77）计算 A_F 和 A_R。

（7）根据式（6.78）计算 $P(1, 0, 1)$。

（8）根据定义计算 $P(i, j, m) = A(i, j, m)P(1, 0, 1)$，$P_R = A_R P(1, 0, 1)$，$P_F = A_F P(1, 0, 1)$。

5. 系统性能指标

（1）稳态可用度

稳态可用度 A_s 表示在长期运行过程中装备处于可工作状态的时间比例，是装备可用性的概率度量。根据模型假设，当系统处于状态 $D(i, j, 1)$ 时为可用状态，则系统稳态可用度为处于 $D(i, j, 1)$ 的概率之和：

$$A_s = \sum_{i=1}^{k} \sum_{j=0}^{S-1} P(i, j, 1)$$

（6.79）

（2）长期运行费用率

维修费用率是指装备在运行过程中总的维修费用同运行总时间的比值，是衡量装备维修经济性的指标。设 C_{D1} 为由检测和预防性维修引起的停机损失费用率；C_{D2} 为由故障后更换引起的停机损失费用率；C_M 为预防性维修费用；C_r 为预防性更换费用；C_f 为故障后更换费用，则长期运行维修费用率 C_s 为：

$$C_s = C_{D1} \left(\sum_{i=1}^{k} \sum_{j=0}^{S-1} P(i, j, 2) + \sum_{i=n+1}^{k} \sum_{j=1}^{S-1} P(i, j, 3) + P_R \right) + C_m \sum_{i=n+1}^{k} \sum_{j=1}^{S-1} \beta^{j-1} \mu_M P(i, j, 3) +$$
$$C_{D2} P_F + C_r \mu_R P_R + C_l \mu_F P_F$$

（6.80）

（3）平均故障前时间

平均故障前时间是系统发生故障前的时间期望值，其表达式为：

$$MTTF = \frac{\sum_{i=1}^{k}\sum_{j=0}^{S-1}P(i,\,j,\,1) + \sum_{i=1}^{k}\sum_{j=0}^{S-1}P(i,\,j,\,2) + \sum_{i=n+1}^{k}\sum_{j=1}^{S-1}P(i,\,j,\,3) + P_R}{\sum_{j=0}^{S-1}\alpha^{j}\lambda_d P(k,\,j,\,1)} \qquad (6.81)$$

通过提高检测以及预防性维修和更换的频率，能够实现系统高可靠性、获取较高平均故障前时间的目标，但这一过程是以降低可用度为代价完成的。因此，当评价指标为最大化平均故障前时间时，需考虑满足规定可用度 A_c 的约束，即

$$\max MTTF$$
$$s.t.\ As > Ac \qquad (6.82)$$

6.4.2 基于 Gamma 过程的不完全维修下装备视情维修与更换策略

1.模型假设

（1）对于单部件系统，设随机变量 $X(t)$ 表示 t 时刻系统劣化状态 [$X(t)=0$ 表示系统处于全新状态]，在不进行预防性维修的情况下，其随着时间延长、性能逐渐劣化而递增，当 $X(t) \geq L$ 时认为系统发生劣化故障，通过故障后更换的方式（如换件维修），使系统恢复如新。

（2）对系统状态进行定期检测，时间周期 $T = k\Delta t(k=1,\,2,\,3,\,\cdots)$，单位时间 Δt 是由维修实际条件决定的，且检测是非破坏性的，能够完全反映系统劣化程度。

（3）设预防性维修阈值为 ξ，且 $\xi < L$。根据检测系统劣化状态 $X(t)$，当 $\xi \leq X(t) < L$ 时，进行预防性维修；当 $X(t) < \xi$ 时，继续运行。

（4）维修使系统恢复至介于修复如新和修复如旧之间的某一随机状态，即维修不完全。

（5）随着工作时间的延长和维修次数的增加，维修效果呈现越来越差的趋势，在第 N 次预防性维修时进行更换，使系统恢复如新。

（6）故障需要检测才能发现，即隐性故障，故障发生后至检测被发现之前的时间为系统停机时间，记为 W_r。

（7）设维修费用参数为检测费用 C_i、预防性维修费用为 C_p、预防性更换费用为 C_r 故障后更换费用为 C_f、单位时间 Δt 内停机费用为 C_d，而状态检测、预防性维修、预防性更换和故障后更换的时间可忽略。

（8）优化目标为选择最优检测周期 T 和更换策略 N，使得长期运行费用率最低

2.模型描述

对船舶装备而言，尽管采取较短的检测周期便于把握系统劣化状态变化情况，但在系统劣化速度较慢而检测成本较高时，频繁的检测会浪费大量的人力物力；检测周期过长则会贻误最佳维修（更换）时机，容易导致故障发生而造成经济损失和安全事故。另外，维修能够充分发挥装备的设计能力、延长服役时间和使用寿命，降低全寿命周期费用，但随着工作时间的延长和维修次数的增多，系统维修后工作时间呈现缩短的趋势，维修将不能满足装备使用需要，这时就需要采取预防性更换，使系统恢复如新。因此，通过选择最优的检测周期 T 和更换策略 N，使得长期运行费用率 $E[C(T,\,N)]$ 最低，即

$$\min E\left[C(T,N)\right]$$
$$s.t.\quad T = k\Delta t, k = 1,2,3,\cdots;\ N = 1,2,3,\cdots \tag{6.83}$$

3.模型建立

（1）劣化模型

一般情况下，装备的性能会随服役时间的延长而缓慢劣化，出现磨损、疲劳、腐蚀、裂纹增长等现象。Gamma过程属于独立增量过程，适合描述随时间单调增加的渐进过程，如上述表征系统性能劣化的现象，且便于数学计算和分析。设连续时间随机过程$\{X(t),\ t \geq 0\}$为Gamma过程，其概率密度函数为：

$$f_{\alpha t,\ \beta}(x) = \frac{1}{\Gamma(\alpha t)}\beta^{\alpha t}x^{\alpha t - 1}\exp(-\beta x),\ x \geq 0 \tag{6.84}$$

式中

$$\Gamma(a) = \int_0^{+\infty} u^{c-1}e^{-u}\mathrm{d}u,\ a > 0 \tag{6.85}$$

α和β分别为形状参数和尺度参数，根据劣化数据，利用数学统计方法和参数估计可以得到α和β。Gamma过程具有非负独立增长的性质，能够很好地描述系统劣化过程。系统劣化率的均值为α/β，方差为α/β^2。

根据Gamma过程的密度函数，若系统当前状态为x_0，则到达某一状态x的时间τ_x分布函数为：

$$F_{\tau_x,\ x_0}(t) = \frac{\Gamma(\alpha t,(x - x_0)\beta)}{\Gamma(\alpha t)} \tag{6.86}$$

式中

$$\Gamma(a,\ b) = \int_b^{+\infty} u^{a-1}e^{-u}\mathrm{d}u,\ a > 0,\ b \geq 0 \tag{6.87}$$

其概率密度函数可表示为：

$$f_{\tau_x,\ x_0}(t) = \frac{\partial}{\partial t}F_{\tau_x,\ x_0}(t) = \frac{\alpha}{\Gamma(\alpha t)}\int_{\beta(x - x_0)}^{+\infty}(\ln(z) - \varphi(\alpha t))z^{\alpha t - 1}e^{-z}\mathrm{d}z \tag{6.88}$$

式中

$$\varphi(a) = \frac{\Gamma^{'}(a)}{\Gamma(a)} = \frac{\partial \ln\Gamma(a)}{\partial a} \tag{6.89}$$

系统第$i - 1(0 < i \leq N)$次维修后，进入第i次预防性维修周期时，设从维修后系统状态x到达预防性维修阈值的时间为τ_ξ^i，到达故障值的时间为τ_L^i。根据式（6.88），其概率密度函数为：

$$f_{\tau_\xi^i,\ x}(t) = \frac{\alpha}{\Gamma(\alpha t)}\int_{\beta(\xi - x)}^{+\infty}[\ln z - \varphi(\alpha t)]z^{\alpha t - 1}e^{-z}\mathrm{d}z \tag{6.90}$$

$$f_{\tau_L^i,\ x}^i(t) = \frac{\alpha}{\Gamma(\alpha t)}\int_{\beta(\cdot - x)}^{+\infty}[\ln z - \varphi(\alpha t)]z^{\alpha t - 1}e^{-z}\mathrm{d}z \tag{6.91}$$

而$\tau_L^i - \tau_\xi^i$的分布函数可近似为：

$$F_{\tau_L^i - \tau_\xi^i}(t) \approx F_{\tau_{L - \xi - \frac{1}{2\beta}}}(t) = \frac{\Gamma\left[\alpha t,\ \beta(L - \xi) - \frac{1}{2}\right]}{\Gamma(\alpha t)} \tag{6.92}$$

$$\overline{F}_{\tau_L^i - \tau_\xi^i}(t) = 1 - F_{\tau_L^i - \tau_\xi^i}(t) \approx 1 - \frac{\Gamma\left[\alpha t, \ \beta(L - \xi) - \frac{1}{2}\right]}{\Gamma(\alpha t)} \quad (6.93)$$

（2）不完全维修模型

为了表示维修后系统无法恢复至全新状态，以及随着工作时间的延长和维修次数的增多，维修使系统恢复的程度呈现越来越差的趋势，设 $i(i < N)$ 次维修后状态 $X(R_i^+)$ 为一个取值范围为 $[0, \xi]$ 的随机变量，其均值和方差为：

$$E\left[\frac{X(R_i^+)}{\xi}\right] = 1 - \exp(-i\mu) \quad (6.94)$$

$$Var\left[\frac{X(R_i^+)}{\xi}\right] = \sigma^2$$

当 $\mu > 0$ 和 $\sigma^2 > 0$ 时，以 Beta 分布为例来描述随机变量 $X(R_i^+)$，其概率密度函数为：

$$f_{X(R_i^+)}(x) = \frac{1}{\xi} \frac{\Gamma(p_i + q_i)}{\Gamma(p_i)\Gamma(q_i)} \left(\frac{x}{\xi}\right)^{p_i - 1} \left(1 - \frac{x}{\xi}\right)^{q_i - 1}, \ 0 \leqslant x \leqslant \xi \quad (6.95)$$

式中，p_i 和 q_i 为该 Beta 分布的两个参数。根据式（6.94），其数学期望和方差可表示为

$$E\left[\frac{X(R_i^+)}{\xi}\right] = \frac{p_i}{p_i + q_i} = 1 - \exp(-i\mu) \quad (6.96)$$

$$Var\left[\frac{X(R_i^+)}{\xi}\right] = \frac{p_i q_i}{(p_i + q_i)^2 (p_i + q_i + 1)} = \sigma^2 \quad (6.97)$$

式中，μ 和 σ 可以通过经典的参数估计方法得到。

（3）长期运行费用率

根据模型假设，长期运行条件下维修费用率可表示为：

$$E[C(T, N)] = \frac{C_i E[N_1] + C_p E[N_P] + C_d E[W_r] + C_r P_R(T, N) + C_f P_F(T, N)}{E[\tau]} \quad (6.98)$$

式中，$E[\tau]$ 为系统在两次更换之间的寿命周期期望；$E[N_1]$ 和 $E[N_P]$ 分别为在寿命周期内进行检测次数和预防性维修次数的期望；$E[W_r]$ 为故障发生后停机时间的期望；$P_R(T, N)$ 和 $P_F(T, N)$ 分别为系统进行预防性更换和故障后更换的概率。

4. 模型分析与求解

（1）寿命周期期望

将连续两次更换系统至全新状态的时间设为一个寿命周期。根据假设，系统寿命周期可以分为以下两种情况：①系统在进行 $N - 1$ 次预防性维修后，当系统状态再次超过维修阈值时进行预防性更换；②系统在进行第 $i(i \leqslant N)$ 次预防性维修（第 N 次为更换）前，系统发生劣化故障进行故障后更换，如图 6.10 所示。

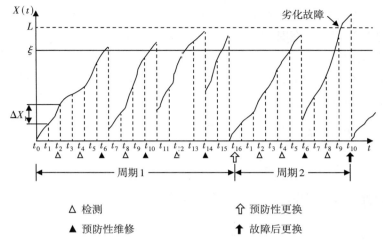

图6.10　系统寿命周期示意图($T = 2\Delta t, N = 4$)

根据上述分析以及模型假设，预防性更换或故障后更换都在检测时刻进行。因此，设系统寿命周期为$\tau = (k + 1)T(k = 0，1，2，\cdots)$，按照维修次数的不同，分以下3种情况进行分析：

①第1次预防性维修前，在时间$[kT, (k + 1)T](k = 0，1，2，\cdots)$内发生劣化故障，那么在时刻$(k + 1)T$须进行故障后更换而系统寿命周期结束，将此记为事件$B_1(k，T) = \{ kT < \tau_\xi^1 < \tau_L^1 \leqslant (k + 1)T, k = 0，1，2，\cdots \}$，该事件发生的概率为：

$$P[B_1(k，T)] = \int_{kT}^{(k+1)T} f_{\tau_\xi^1}(u) F_{\tau_L^1 - \tau_\xi^1}[(k + 1)T - u] \mathrm{d}u \qquad （6.99）$$

②第$m(2 \leqslant m \leqslant N - 1)$次预防性维修前，在时间$[kT, (k + 1)T](k = m - 1，m，m + 1，\cdots)$内发生劣化故障，则在时刻$(k + 1)T$须立即进行故障后更换而该寿命周期结束，可将此记为事件$B_m(k，T)$。设系统进行第$i(i < m)$次预防性维修时刻为j_iT，并且满足$1 \leqslant j_1 < j_2 < \cdots < j_{m-1} \leqslant k$；在时刻$j_1T$进行第1次预防性维修，将此记为事件$A(j_1，T)$，具体表达为$A(j_1，T) = \{ (j_1 - 1)T < \tau_\xi^1 \leqslant j_1T < \tau_L^1 \}$，该事件发生的概率为：

$$P[A(j_1，T)] = \int_{(j_1-1)T}^{j_1T} f_{\tau_\xi^1}(u) \bar{F}_{\tau_L^1 - \tau_\xi^1}(j_1T - u) \mathrm{d}u \qquad （6.100）$$

当$3 \leqslant m \leqslant N - 1$时，将时刻$j_1T$发生第$i(2 \leqslant i \leqslant m - 1)$次预防性维修记为事件$A(j_i，T) = \{ (j_i - j_{i-1} - 1)T < \tau_\xi^i \leqslant (j_i - j_{i-1})T < \tau_L^i, 2 \leqslant i \leqslant m - 1 \}$。第$i - 1$次维修后系统状态为$X(R_{i-1}^+)$，其分布密度函数为$f_{X(R_{i-1}^+)}(x)$，那么该事件发生的概率为：

$$P[A(j_i，T)] = \int_0^\xi f_{X(R_{i-1}^+)}(x) \int_{(j_i-j_{i-1}-1)T}^{(j_i-j_{i-1})T} f_{\tau_\xi^i, x}(u) \bar{F}_{\tau_L^i - \tau_\xi^i}[(j_i - j_{i-1})T - u] \mathrm{d}u\mathrm{d}x \qquad （6.101）$$

根据上述分析，事件$B_m(k，T) = \{ (k - j_{m-1})T < \tau_\xi^m < \tau_L^m \leqslant (k + 1 - j_{m-1})T, k \geqslant m - 1 \}$发生的概率为：

$$P[B_m(k,T)] = \sum_{j_1=1}^{k-m+2} \sum_{j_2=j_1+1}^{k-m+3} \cdots \sum_{j_{m-1}=j_{m-2}+1}^{k} \prod_{i=1}^{m-1} P[A(j_i,T)] \int_0^\xi f_{X(R_{i-1}^+)}(x)\,\mathrm{d}x \cdot$$
$$\int_{(k-j_{m-1})T}^{(k+1-j_{m-1})T} f_{\tau_\xi^m, x}(u) F_{\tau_L^m - \tau_\xi^m}[(k + 1 - j_{m-1})T - u]\,\mathrm{d}u \qquad （6.102）$$

③在经过 $N-1$ 次预防性维修后，在时间 $[kT, (k+1)T]$ $(k = N-1, N, N+1, \cdots)$ 内系统状态再次超过维修阈值，在时刻 $(k+1)T$ 无论是劣化故障未发生而进行预防性更换，还是劣化故障发生而进行故障后更换，该寿命周期都已结束。根据条件，在时刻 j_iT $(1 \leq j_1 < j_2 < \cdots < j_{N-1} \leq k)$ 进行第 i 次预防性维修，记为 $A(j_i, T)$ 则事件 $B_N(k, T) = \{(k - j_{N-1})T < \tau_\xi^N \leq (k+1-j_{N-1})T, k \geq N-1\}$ 发生的概率为：

$$P[B_N(k,T)] = \sum_{j_1=1}^{k-N+2} \sum_{j_2=j_1+1}^{k-N+3} \cdots \sum_{j_{N-1}=j_{N-2}+1}^{k} \prod_{i=1}^{N-1} P[A(j_i,T)] \cdot$$
$$\int_0^\xi f_{X(R_{N-1}^+)}(x)\mathrm{d}x \int_{(k-j_{N-1})T}^{(k+1-j_{N-1})T} f_{\tau_\xi^N x}(u)\mathrm{d}u \qquad (6.103)$$

根据以上分析，两次更换之间的系统寿命期望为：

$$E[\tau] = \sum_{k=0}^{+\infty} \sum_{m=1}^{\min(k+1, N)} (k+1)T \cdot P[B_m(k, T)] \qquad (6.104)$$

（2）停机时间期望

停机时间期望 $E[W_r]$ 为系统因发生劣化故障而停机，直到检测发现的时间均值。设系统在时刻 $t[kT \leq t < (k+1)T]$ 因劣化故障而停机，分以下两种情况进行分析：

①系统在第1次预防性维修前发生劣化故障而停机，将此记为事件 $D_1(k,T) = \{kT < \tau_\xi^1 < \tau_L^1 < t, k = 0, 1, 2, \cdots\}$，该事件发生的概率为：

$$P[D_1(k, T)] = \int_{kT}^t f_{\tau_\xi^1}(u) F_{\tau_L^1 - \tau_\xi^1}(t - u)\mathrm{d}u \qquad (6.105)$$

②系统在第 m $(2 \leq m \leq N)$ 次预防性维修（第 N 次为预防性更换）前发生劣化故障而停机，停机前在时刻 j_iT $(1 \leq j_1 < j_2 < \cdots < j_{m-1} \leq k)$ 进行第 i 次预防性维修，记为事件 $A(j_i, T)$。那么，定义事件 $D_m(k, T) = \{(k - j_{m-1})T < \tau_\xi^m < \tau_L^m < t - j_{m-1}T, k \geq m-1\}$，其发生的概率表示为：

$$P[D_m(k,T)] = \sum_{j_1=1}^{k-m+2} \sum_{j_2=j_1+1}^{k-m+3} \cdots \sum_{j_{m-1}=j_{m-2}+1}^{k} \left\{ \prod_{i=1}^{m-1} P[A(j_i,T)] \right\} \cdot$$
$$\int_0^\xi f_{X(R_{m-1}^+)}(x)\mathrm{d}x \int_{(k-j_{m-1})T}^{t-j_{m-1}T} f_{\tau_\xi^m x}(u) F_{\tau_L^m - \tau_\xi^m}(t - j_{m-1}T - u)\mathrm{d}u \qquad (6.106)$$

综合以上情况，停机时间期望 $E[W_r]$ 为：

$$E[W_r] = \sum_{k=0}^{+\infty} \sum_{m=1}^{\min(k+1, N)} \int_{kT}^{(k+1)T} P[D_m(k, T)]\mathrm{d}t \qquad (6.107)$$

③其他参数

寿命周期内检测次数的期望 $E[N_1]$ 为：

$$E[N_1] = \frac{E[\tau]}{T} \qquad (6.108)$$

寿命周期内预防性维修次数的期望 $E[N_P]$ 为：

$$E[N_P] = \sum_{k=1}^{+\infty} \sum_{m=2}^{\min(k+1, N)} (m-1) \cdot P[B_m(k, T)] \qquad (6.109)$$

系统进行预防性更换的概率 $P_R(T, N)$ 为：

$$P_R(T,N) = \sum_{k=N-1}^{+\infty} \sum_{j_1=1}^{k-N+2} \sum_{j_2=j_1+1}^{k-N+3} \cdots \sum_{j_{N-1}=j_{N-2}+1}^{k} \left\{ \prod_{i=1}^{N-1} P[A(j_i,T)] \cdot \right.$$

$$\int_0^{\xi} f_{X(R_{N-1}^-)}(x)\mathrm{d}x \int_{(k-j_{N-1})T}^{(k+1-j_{N-1})T} f_{\tau_\xi^N x}(u) \bar{F}_{\tau_L^N - \tau_\xi^N}[(k+1-j_{N-1})T-u]\mathrm{d}u \quad (6.110)$$

系统进行故障后更换的概率 $P_F(T, N)$ 为

$$P_F(T, N) = 1 - P_R(T, N) \quad (6.111)$$

本节内容从维修实际出发，对单部件系统视情维修中的不完全维修情况进行了介绍，一方面，针对系统随着年龄增加，经过多次维修后，劣化速度加快而所需维修时间变长的问题，基于连续时间马尔可夫链建立单部件系统视情维修模型，给出模型状态概率方程组及其递归求解算法，并介绍了影响系统性能的相关指标；另一方面，为描述系统维修效果越来越差和维修后工作时间越来越短的趋势，基于Gamma过程建立了考虑不完全维修情况的劣化系统视情维修模型，给出了该劣化系统长期运行费用率的解析计算方法，分析了长期运行费用率与检测周期和更换策略之间的函数变化关系。

参 考 文 献

[1] 国家市场监督管理局，国家标准化管理委员会.智能船舶机械设备信息集成编码指南，中华人民共和国国家标准：GB/T41892-2022[S].北京：中国标准出版社，2020.

[2] 张跃文，张鹏，邹永久.智能船舶的运维技术与应用[M].大连：大连海事大学出版社，2020.

[3] 阮旻智，黄傲林.舰船设备维修决策建模与优化技术[M].北京：科学出版社，2018.

[4] 胡昌华，樊红东，王兆强.设备剩余寿命预测与最优维修决策[M].北京：国防工业出版社，2018.

[5] 李华，胡奇英.预测与决策教程[M].北京：机械工业出版社，2018.

[6] 陈雪峰.智能运维与健康管理[M].北京：机械工业出版社，2018.

[7] 夏唐斌，奚立峰.制造模式革新与智能运维决策[M].上海：上海交通大学出版社，2024.